CONSTANÇA MARCONDES CESAR

Crise e Liberdade em Merleau-Ponty e Ricoeur

EDITORA
IDÉIAS & LETRAS

Diretor Editorial:
Marcelo C. Araújo

Editor:
Márcio Fabri dos Anjos

Coordenação Editorial:
Ana Lúcia de Castro Leite

Copidesque:
Mônica Reis

Revisão:
Leonardo do Nascimento Meira

Diagramação:
Simone Godoy

Capa:
Antonio Carlos Ventura

Editora Idéias & Letras
Rua Pe. Claro Monteiro, 342 - Centro
12570-000 Aparecida-SP
Tel. (12) 3104-2000 - Fax (12) 3104-2036
Televendas: 0800 16 00 04
vendas@ideiaseletras.com.br
www.ideiaseletras.com.br

Dados Internacionais de Catalogação na Publicação (CIP)
(Câmara Brasileira do Livro, SP, Brasil)

Cesar, Constança Marcondes
Crise e liberdade em Merleau-Ponty e Ricoeur / Constança Marcondes Cesar. – Aparecida, SP: Idéias & Letras, 2011.

Bibliografia
ISBN 978-85-7698-118-3

1. Crise (Filosofia) 2. Filosofia francesa 3. Liberdade 4. Merleau-Ponty, Maurice, 1908-1961 – Crítica e interpretação 5. Ricoeur, Paul, 1913-2005 - Crítica e interpretação I. Título.

11-09073 CDD-194

Índices para catálogo sistemático:

1. Filosófos franceses: Apreciação crítica 194

Sumário

Introdução

A questão-chave, que procuraremos responder, é a seguinte: *a meditação sobre a liberdade representa uma possibilidade de superação da crise da ética na sociedade atual?* Buscaremos examinar o conceito de *crise* do mundo atual, considerando suas implicações ético-epistemológicas e ético-antropológicas, ou seja, estudaremos a noção de *crise* nas relações do *homem* com o mundo; com a *natureza*; consigo mesmo e com os *outros homens*.

A palavra crise tem múltiplas acepções na filosofia. Evanghélos Moutsopoulos[1] assinala alguns aspectos da noção de crise, partindo do termo grego *crisis*, que significa *julgamento, discernimento, discriminação* e ainda *comparação.* Enfatiza, assim, o caráter epistemológico do termo e também estuda seu aspecto ontológico.[2] Crise é aqui: "transição do mesmo ao outro"[3], mudança qualitativa de uma situação a outra, *descontinuidade* e *ruptura, ameaça de interrupção* e *tentativa de evitar a interrupção.*[4] Moutsopoulos assinala

---

[1] MOUTSOPOULOS, E. *Les crises historiques*. In: id., *L'univers des valeurs, univers de l'homme*. Atenas: Academia de Atenas, 2005, p. 324-340.

[2] Id., ibid., p. 327 e segs.

[3] Id., ibid., p. 328.

[4] Id., ibid., p. 329.

ainda outro sentido para a palavra, que é o de *crise histórica*, que deve ser entendida "como uma prova fundamental pela qual passa uma sociedade que gradualmente acumulou, por excesso ou falta (...), pressões que impedem sua sobrevivência histórica regular (...)".[5] Assim, na palavra crise, Moutsopoulos recolhe três sentidos fundamentais: o epistemológico, o ontológico e o histórico.

Claude Gilbert[6] aponta correlações entre crise e risco de caráter coletivo, reconhecendo o surgimento contemporâneo de uma "sociedade do risco", caracterizada por novos desafios para a sobrevivência da Humanidade.[7]

Esses diferentes sentidos da palavra crise estão presentes nos autores que estudaremos no nosso trabalho. Na presente pesquisa, enfocaremos os laços de autores contemporâneos que têm como fontes imediatas Husserl, Heidegger e a escola hermenêutica, e que abordam a crise contemporânea à luz das contribuições desses dois pensadores sobre o assunto. Para Husserl, a crise tem uma conotação epistemológica e também ética; para Heidegger, a crise tem caráter ontológico e ético. Em ambos, a crise é também uma crise histórica, na qual o risco e a ameaça ao homem estão presentes. Merleau-Ponty e Ricoeur se inspiram em Husserl e Heidegger para entender a crise atual e propõem a reflexão sobre a liberdade, a nosso ver, como uma alternativa para superação da crise.

Essas diferentes leituras da tradição e a atenta crítica do momento presente levaram nossos autores a buscarem a compreensão do mundo atual e a superação dos impasses perce-

---

[5] Id., ibid., p. 331.

[6] GILBERT, Claude. Cf. verbete *risque*. In: CANTO-SPERBER. Monique. *Dictionnaire d'éthique et de philosophie morale*. Paris: PUF, 1996, p. 1395-1396.

[7] Id., ibid., p. 1396.

bidos. Os impasses remetem, no plano epistemológico, à luta entre o racionalismo e o empirismo, que perpassa a filosofia moderna e que teve na formulação do idealismo crítico kantiano uma tentativa de superação. Assinalando a contraposição contemporânea entre objetivismo e racionalismo, Husserl propõe uma nova compreensão das relações consciência-mundo, introduzindo as noções de *intencionalidade* e *mundo da vida*.

Na perspectiva de Husserl, a crise tem também caráter ético. Ela resulta do "fracasso aparente do racionalismo"; é uma "'crise' da existência (...) hostilidade ao espírito e barbárie".[8] Mas não é inelutável, e a saída que Husserl aponta é a busca de uma nova interioridade e espititualidade, a qual nos conduz à reflexão que faz o trânsito da epistemologia à ética.

Heidegger, em *Ser e Tempo – Introdução à metafísica* e *Carta Sobre o Humanismo,* partindo da analítica da existência e do agir, põe em relevo a dimensão ético-ontológica da crise contemporânea. Essa se mostra, em Heidegger, como "obscurecimento do mundo espiritual", "despotenciação do espírito"[9], pela "desfiguração instrumental do espírito"[10], pela transformação da ciência em tecno-prática "de adquirir e transmitir conhecimento".[11] Essa possibilidade de decadência e de desvirtuamento do humano já se apresentava, inicialmente, em *Ser e Tempo*, por meio das aná-

---

[8] HUSSERL, E. *A Crise da Humanidade Europeia e a Filosofia.* Porto Alegre: EDIPUCRS, 2002, p. 96.

[9] HEIDEGGER, M. *Introdução à Metafísica.* Rio de Janeiro: Tempo Brasileiro, 1969, p. 71.

[10] Id., ibid., p. 73.

[11] Id., ibid., p. 74.

lises do cotidiano e do impessoal[12], culminando no exame da crise contemporânea e na reflexão sobre o *ethos*[13], em *Carta sobre o Humanismo.*

Consideraremos, no atual projeto, as perspectivas de Husserl e Heidegger, recordando alguns dos autores relevantes inspirados nesses mestres. No âmbito do pensamento de expressão francesa, no atual projeto, estudaremos Merleau-Ponty e Ricoeur, que se referem a Husserl e Heidegger como fontes de suas reflexões. Merleau-Ponty e Ricoeur põem em evidência uma nova concepção de homem, de consciência e de liberdade, reformulando completamente essas noções na filosofia contemporânea.

Merleau-Ponty expõe essa nova concepção na *Fenomenologia da Percepção*, enfatizando as noções de corporeidade e situação como componentes essenciais da existência humana[14], propondo uma revisão crítica das noções de *cogito* e de temporalidade à luz da noção de *intencionalidade operante,* de Husserl. Procuraremos evidenciar, ao longo de nosso estudo, o laço entre intencionalidade e liberdade que, a nosso ver, surge na obra de Merleau-Ponty como um dos modos de superação da crise enfocada por Husserl e referida por Merleau-Ponty no *Prefácio* da *Fenomenologia da Percepção.*[15] A liberdade é, na obra do filósofo francês, possibilidade de ser, "poder de interromper" e "de começar", implicando a existência de "situações abertas".[16]

---

[12] Id, *Sein und Zeit.* Tübingen: Max Niemeyer, 1993, 1.ª Parte, 1.ª seção, capítulo 4, § 27 e Capítulo 5, § 35-38.

[13] Id. *Sobre o Humanismo.* Rio Janeiro: Tempo Brasileiro, 1967, p. 23 e 85.

[14] MERLEAU-PONTY, M. *Phénoménologie de la perception.* Paris: Gallimard, 2005, p. 101-426.

[15] Id., ibid., p. 18 e segs.

[16] Id., ibid., p. 501 e segs.

Ricoeur, por sua vez, põe à luz a crise da concepção de homem e de consciência no prefácio do *Soi-même comme un autre,* no qual fala da contraposição entre um *cogito* que se afirma e um *cogito* ferido, formulando os primeiros passos da hermenêutica do si. Tematiza, como fio condutor dos estudos, o agir humano, abordando nessa obra "o modo epistêmico das asserções que dizem respeito ao registro das capacidades" do homem. Considerando as variações do "eu posso" como expressões do caminho do homem em direção a si, Ricoeur propõe "uma fenomenologia do homem capaz", ou seja, do homem que tem a possibilidade de dizer, de fazer, de narrar, de ser responsável por suas ações, expressando, assim, sua liberdade.[17] O vínculo da reflexão de Ricoeur com a tematização das relações entre liberdade e possibilidade, em Merleau-Ponty, é explicitamente indicado por Ricoeur em conferência autobiográfica, publicada em Portugal[18], e no *Réflexion Faite,* sua autobiografia. Nos seus primeiros escritos – consagrados ao problema da vontade – tentou descrever "à maneira de Merleau-Ponty, na *Fenomenologia da Percepção,* os fenômenos fundamentais da esfera prática (...)", diz Ricoeur em *Leçon d'oeuverture.*[19] Tradutor de Husserl, consagrou diversos estudos a esse filósofo[20] e assinala a importância das contribuições husserlianas por meio das noções de *mundo da vida*, viver-com, que abriram caminho "para a filosofia do corpo próprio, onde a intencionalidade revela sua verdadeira natureza (...)".[21]

---

[17] RICOEUR, P. *Soi-même comme un utre*. Paris: Seuil, 1990; id. *Parcours de la reconnaissance*. Paris: Stock, 2004.

[18] Id., *Leçon d'oeuverture*. In: MELO, A. e PONCE DE LEÂO, P. (eds.). *Paul Ricoeur – Uma homenagem*. Lisboa: ISPA, 2002, p. 148.

[19] Id., ibid., p. 142-143.

[20] Id., *Du texte à l'action*. Paris: Esprit/Seuil, 1986.

[21] Id., *Parcours de la reconnaissance*, p. 92-93.

Para Husserl, a noção de intencionalidade aparece na descrição da natureza da consciência. Consciência é sempre consciência de algo, sempre tende para um mundo, para um objeto, é visada do objeto. Portanto, para Husserl "a intencionalidade é o que caracteriza a consciência (...)", significando a "particularidade que tem a consciência de ser consciência de algo (...)".[22]

Merleau-Ponty se refere, em a *Fenomenologia da Percepção,* a Husserl, a propósito das noções de intencionalidade, mundo da vida, retomando a noção de intencionalidade operante para falar do laço entre o homem e o mundo prévio a toda reflexão, solo no qual se enraíza a possibilidade da reflexão e da liberdade.[23] Assim, a obra de Merleau-Ponty é explicitamente tributária da noção husserliana de intencionalidade.[24]

Por sua vez, Ricoeur também aponta em sua autobiografia Husserl como uma das fontes de seu pensamento. Mas é por meio do encontro entre a fenomenologia e a hermenêutica[25] que Ricoeur chegará, em *Soi-même comme um autre* e em *Parcours de la Reconnaissance*, examinando a polissemia do agir e as capacidades do homem, à sua formulação de um conceito de liberdade, associando-a à responsabilidade e ao reconhecimento de si e do outro.

---

[22] HUSSERL, E. *Idées I*, § 84, *apud.* ZILLES, U. *Introdução.* In: HUSSERL, E. *A crise da humanidade europeia e a fenomenologia.* P. Alegre: EDIPUCRS, 2002, p. 33.

[23] MERLEAU-PONTY, M. *La phénoménologie de la perception.* Paris: Gallimard, 2005, p. 13 e segs.

[24] Id., *Le philosophe et son ombre.* Phaenomenologica 4. La Haye: M. Nijhoff, 1959, p. 202.

[25] RICOEUR, P. *Du texte à l'action*, p. 39-54.

Da epistemologia huserliana, Ricoeur retém as noções de mundo da vida, a crítica do *cogito*, conjugando-as com as contribuições da escola hermenêutica, sobretudo de Heidegger[26], que Ricoeur pretende, contudo, superar.

Leitores de Hussserl, Merleau-Ponty e Ricoeur apresentam na filosofia atual a fecundidade das noções de intencionalidade e mundo da vida, para o exame da questão ética da liberdade, como assinalam De Waelhens, Françoise Dastur, Agis de Villaverde. De Waelhens[27] evidencia a apropriação criadora da noção husserliana de intencionalidade por Merleau-Ponty em *Fenomenologia da percepção*, quando explicita a "unidade natural e antepredicativa do mundo e de nossa vida (...)" e formula a noção de "consciência encarnada"[28], entendendo a intencionalidade originária como "coexistência primeira com as coisas e com o outro"[29], pondo em relevo a noção de liberdade como possibilidade, abertura de um campo de possibilidades de ser.

Quanto a Ricoeur, evidenciando o laço entre possibilidade e liberdade, Françoise Dastur mostra que a compreensão da capacidade de agir, nesse filósofo, é concebida não como simples liberdade negativa, isto é, ausência de entraves (...), mas como liberdade positiva, isto é, como capacidade de realizar e capacidade de escolha de um modo de vida.[30]

---

26 Id., ibid., p. 55-100.

27 DE WAELHENS, A. *L'idée phénoménologique de l'intentionnalité. Phaenomenologica 2*. La Haye: M. Nijhoff, 1959, p. 115-129.

28 Id., ibid., p. 123.

29 Id. ibid., p. 128.

30 DASTUR, F. *De Soi-même comme um autre au Parcours de la reconnaissance*. In: HENRIQUES, F. (coord.). *A Filosofia de Paul Ricoeur*. Coimbra: Ariadne, 2006, p. 453.

Portanto, as capacidades do homem, o "eu posso" ricoeuriano, são vinculadas à liberdade. De modo análogo, Marcelino Agis de Villaverde[31] mostra o laço entre as escolas fenomenológica e hermenêutica na obra de Ricoeur, pondo em primeiro plano a meditação ricoeuriana sobre o homem capaz visto como "sujeito e objeto de qualquer filosofia prática".[32]

Nossa hipótese, que a presente pesquisa pretende examinar, é que a discussão das capacidades do homem corresponde, em Ricoeur, à reflexão sobre a liberdade. Capacidades e liberdade seriam termos convergentes, uma vez que as capacidades de falar, agir, narrar, ser responsável expressariam as possibilidades do existir humano enquanto transcendência do viver imediato. Essa possibilidade, essa capacidade de transcendência seria o núcleo essencial da liberdade para Ricoeur. O estudo comparado de Merleau-Ponty e Ricoeur, quanto ao problema da liberdade, visa mostrar os diferentes registros – ética, antropologia – com os quais eles abordaram a análise da crise atual feita por Husserl. Evocamos, assim, sua contribuição.

Trataremos de examinar, no horizonte das escolas fenomenológica e hermenêutica, a caracterização da crise ético-epistemológica na sociedade atual, elegendo como fonte principal de análise a inspiração husserliana e heideggeriana e seus desdobramentos no pensamento de Merleau-Ponty e Ricoeur, considerando a noção de *liberdade* como foco essencial.

---

[31] AGIS DE VILLAVERDE, M. *Paul Ricoeur: los caminos de la hemeneutica*. In: HENRIQUES, F. op. cit., p. 75-92.
[32] Id., ibid., p. 78 e segs.

1. A noção de crise em Husserl e Heidegger

1. Introdução

A relação consciência-natureza no horizonte de uma sociedade marcada pela rápida evolução da técnica e por uma concepção instrumental da razão é o ponto de partida da reflexão de Husserl, desenvolvida ao longo de vários anos e focalizada em uma dupla vertente: a epistemológica e a ética. A crítica epistemológica do racionalismo e do empirismo, que o levam a formular o método e a lançar as bases da escola fenomenológica, e cuja versão mais conhecida se acha na obra *A Crise das Ciências Europeias,* é acompanhada, ao longo de seus escritos, de uma paralela meditação ética, cuja síntese está expressa na conferência *A crise da humanidade europeia e a filosofia.*

Também em Heidegger, mas numa perspectiva – que tem como ponto de partida a reflexão ontológica sobre a situação do homem contemporâneo – exposta, dentre outros escritos, em *Introdução à Metafísica,* encontramos a advertência contra a razão técnica, instrumental, que afasta o homem da fidelidade a si mesmo e da sua tarefa ética essencial: de construir o sentido do mundo, pondo-se à escuta do Ser.

Em Husserl e Heidegger o foco da meditação é o exame da noção de crise, palavra-chave para descrever a nossa época, assim como a busca de caminhos que possibilitem novas alternativas de ser e de viver. Não foram os únicos a assinalar a relação entre natureza, técnica e ciência como problemática, mas são inspiradores e paradigmáticos, ainda hoje, para autores do porte de Merleau-Ponty e Ricoeur, para citar apenas alguns. Apontam para questões ainda não solucionadas e que se agravam de modo crescente na era da técnica planetária.

Na filosofia contemporânea, a palavra crise tem um halo variado de sentidos. Entretanto, o núcleo de significação da palavra parece se manter próximo do significado arcaico do termo, tal como aparece na língua grega, da qual provém.

Na tradição antiga, *krisis* abarca diferentes significados, que têm como denominador comum as ideias de escolha, discriminação, julgamento, decisão, fase decisiva de uma doença ou situação.[1]

Um autor grego contemporâneo, Evanghélos Moutsopoulos, assinala a proximidade, a quase sinonímia entre os termos *Krisis* e *Kairós*. *Kairós* significa justa medida, tempo favorável, momento oportuno, mas também momento de ruptura, de decisão, situação extrema, perigo extremo.[2e3]

---

1 BAILLY, A. *Dictionnaire grec-français*. Paris: Hachette, 1990, p. 1137-1138.
2 Id, ibid, p. 1000-1001;
3 MOUTSOPOULOS, E. *Rationalité de l'histoire, crises et opportunités historiques*. Paris: Vrin, 2004, p. 512-514, id. Les crises historiques. In: id., *L'univers des valeurs, univers de l'homme*, Atenas: Academia de Atenas, 2005, p. 86-93. Ver também: MARCONDES CESAR, C. Krisis e kairós em Evanghelos Moutsopoulos. In: FERREIRA GONÇALVES JR., A. *Ética e crise na sociedade contemporânea*. Aparecida: Ideias e Letras, 2008, p. 11-12.

Na mesma perspectiva, acham-se as contribuições de Keléssidou, da Academia de Atenas[4], assim como os estudos de Monique Trédé[5], restritos esses, porém, ao exame do significado da palavra na tradição antiga.

Abordagens mais amplas, considerando a noção de crise na filosofia contemporânea, podem ser exemplificadas com sua pluralidade de interpretações em várias obras coletivas: a organizada por Adauto Novaes[6], a organizada por Arlindo Ferreira Gonçalves Jr.[7], e no amplo painel, que abarca a problemática da crise como ameaça de barbárie, na obra já clássica de Jean-François Mattéi, *A barbárie interior.*[8]

Assim, passando pela referência a autores tão díspares quanto Heidegger e Foucault, Ortega e Habermas, Mounier e Apel, dentre outros, há uma convergência nos estudos citados, na afirmação de que a nossa época é um tempo de crise, momento decisivo sobretudo no âmbito da epistemologia e da ética, que põe em causa a civilização técnica.

A ideia de crise, associada à exigência de *renovação,* de ruptura, de ultrapassamento em direção a um novo modo de pensar o homem e suas relações com o mundo e os outros, está presente em todos esses autores e nos mestres que os inspiraram.

---

[4] KELÉSSIDOU, A. Prometeu ou Epimeteu – A crise contemporânea do humano e os valores filosóficos da Grécia. In: FERREIRA GONÇALVES JR, A. *op. cit.*, p. 43-48.

[5] TRÉDÉ, M. Kairós: problèmes d'étymologie. Revue des Études Grecques. Paris: Belles Lettres, tomo XCVII, n. 460-464, 1984, p. 11-16; id. *L'à-propos et l'occasion.* Paris: Klincksieck, 1992.

[6] NOVAES, A. (org.). *A Crise da Razão.* São Paulo: Companhia das Letras / MINC/ FUNARTE, 1999.

[7] FERREIRA GONÇALVES JR. A. *Ética e Crise na Sociedade Contemporânea.* Aparecida: Ideias e Letras, 2008.

[8] MATTÉI, J.-F. *La barbarie intérieure.* Paris: PUF, 1999.

Tentaremos mostrar, no que segue, que as ideias de crise e renovação acham-se, em Husserl, em escritos importantes que abarcam de 1923 a 1936, e também nos trabalhos de Heidegger, especialmente no *Introdução à Metafísica, Carta Sobre o Humanismo* e *Ensaios e Conferências.* E também que as leituras epistemológico-éticas de Husserl e as ontológico-éticas de Heidegger da crise contemporânea expressam, ao lado da decifração dos impasses da razão contemporânea, as possibilidades de um horizonte mais aberto, que possibilite a superação do horizonte estreito em que nos movemos.

2. Husserl: Crise e renovação

Na obra de Husserl, as ideias de crise e renovação aparecem estreitamente relacionadas, como bem assinala Pedro Alves.[9]

Vamos nos ater aos artigos preparados para a revista *Kaizo* e à conferência de 1935, *A crise da humanidade europeia e a filosofia*, nos quais essas ideias aparecem como fios condutores da meditação do filósofo alemão.

Três artigos publicados na revista *Kaizo,* escritos entre 1923 e 1924, têm como denominador comum a temática da *renovação,* seu problema, seu método, bem como as questões éticas nela implicadas; dois outros artigos mostram como tema o laço entre renovação e ciência, explicitam os tipos de cultura presentes no desenvolvimento da Humanidade. Escritos originalmente entre 1922 e 1923, também para a revista *Kaizo*, não foram, contudo, publicados.

[9] ALVES, P. M. S. Introdução à tradução portuguesa. In: HUSSERL, E. *Europa – Crise e Renovação.* Lisboa: Centro de Filosofia da Universidade de Lisboa, p. 9-15.

Assim, podemos perceber nos cinco artigos a dupla problemática presente na meditação husserliana sobre a crise: *a dimensão epistemológica*, que o leva a refletir sobre o conceito de racionalidade na modernidade e a exigência de sua renovação, ou seja, da retomada da dimensão verdadeiramente criadora da razão; e *a dimensão ética*, considerada tanto no plano de vida individual quanto no plano da comunidade humana.[10]

Para Husserl, o que significa *renovação* e por que se torna um tema tão importante em sua obra?

O filósofo parte da devastação da Europa pela Primeira Guerra Mundial, tanto no plano econômico como no plano moral, evidenciando a crise de cultura. Essa crise mostrou a perda do sentido criador do esforço humano para ser e viver na direção de valores, realizando a superação contínua em direção ao mais alto. A participação no esforço para a realização do homem, para a realização da excelência, que impulsiona cada um a ultrapassar suas limitações individuais, tinha sido perdida.

Afirmando a liberdade do homem, o valor da racionalidade no combate em favor de um progresso ético e a "exigência ética absoluta" da "disposição para o combate em direção a uma Humanidade melhor e a uma autêntica cultura"[11], Husserl reconhece a necessidade de clareza quanto ao trabalho a ser feito e de vontade forte para buscarmos o que deve ser feito. Essa clareza é difícil de obter, pois está obscurecida pelo pessimismo de muitos

---

[10] HUSSERL, E. Renovação. Seu problema e método, id. O método de investigação da essência; id. Renovação como problema ético-individual; id, Renovação e Ciência; id., Tipos formais da cultura no desenvolvimento de humanidade. In: id., *Europa – Crise e Renovação*, p. 19-116.

[11] Id., Renovação. Seu problema e método. In: id., *Europa – Crise e renovação*, p. 20.

e pelo egoísmo político, o "nacionalismo degenerado"[12] que expõe a "importância da sofística política".[13]

Contra tal obscurecimento da vontade e da razão, Husserl opõe a ciência rigorosa, o pensar claro que fundamenta a reforma racional da cultura, tornando possível "uma verdadeira racionalidade prática".[14]

A ideia é de que é preciso reformular a ciência e a concepção de razão, de modo a se poder assegurar um melhor conhecimento do homem e da comunidade humana, assim como uma ação social e política racionalmente fundada. Trata-se, para o filósofo, de erigir a ciência como critério da razão prática. Essa ciência não é a da natureza, mas a do homem. É preciso esclarecer a ideia de homem, atuando de modo análogo ao que a matemática "da natureza empreendeu para a ideia de natureza (...)".[15]

Assim, a meditação sobre o homem abarca a totalidade das ciências humanas e estabelece uma nova formulação do pensar. A tarefa dessa nova maneira de pensar seria proceder "segundo normas apriorísticas, inspiradoras da 'razão lógica, valorativa e prática'"[16], oferecendo uma direção para o agir.

Na apreciação da vida contemporânea há uma crítica reprovadora que faz supor, diz Husserl, que de modo intuitivo e implícito o homem atual aprecia a sua situação à luz da crença numa ideia, tida como válida e objetiva, de uma Humanidade autêntica.

---

[12] Id., ibid., p. 21.
[13] Id., ibid.
[14] Id., ibid., p. 22.
[15] Id., ibid.
[16] Id., ibid., p. 25.

Para a reflexão, o que se propõe é a busca rigorosa da essência da Humanidade autêntica, ultrapassando o mero instinto, palpite, suposição. A consideração da essência de uma Humanidade autêntica é, para o filósofo, a reflexão que possibilita uma renovação ética do homem, fundada numa ciência rigorosa.

O método para essa visão pura das essências foi introduzido na filosofia por Platão e Aristóteles, diz o nosso pensador.[17] É um conhecimento das ideias, "conhecimento apriorístico" do idêntico, sob as variações da apresentação dos objetos de conhecimento. O núcleo invariante sob o halo de sentidos expõe o conceito puro buscado.[18]

Esse tipo de procedimento, proposto e bem-sucedido no âmbito da ciência matemática da natureza, "é válido (...) para qualquer esfera de objeto"[19], podendo ser aplicado a respeito do homem. Daí resulta "a ideia pura de um ser animal em geral, anímico-corporal".[20] Trata-se, para Husserl, de submeter essa ideia "a uma investigação de essência e fazer um trabalho preparatório para uma ética principal".[21] Dessa maneira, Husserl pretende alcançar o núcleo essencial da noção de homem ético, expondo a racionalidade – expressão do caráter anímico do homem – como fundamento de vida ética.

O objetivo da vida ética é a contínua renovação da vida humana, tanto no plano individual como no da comunidade. A proposta de Husserl é buscar uma ética pura, que trataria da

---

[17] HUSSERL, E. O método de investigação da essência. In: Husserl, E. op. cit., p. 31-38.

[18] Id., ibid., p. 33.

[19] Id., ibid., p. 35.

[20] Id., ibid, p. 37.

[21] Id., ibid., p. 38.

essência e das formas de vida ética; a ética empírico-humana, por sua vez, adequaria os princípios da ética pura às situações concretas individuais, históricas, nacionais, culturais.

Para o filósofo, a Ética consistiria na "ciência da completa vida ativa de uma subjetividade racional sob o ponto de vista da razão", de modo que, para ele, "Ética e ciência da razão prática" se tornam "conceitos equivalentes".[22] Seu alcance não é apenas individual, mas abrange a vida social do homem, a vida da cultura, "conjunto das realizações que se efetivam nas atividades consecutivas do homem comunalizado, que tem uma existência espiritual permanente na unidade (...) de sua tradição (...)".[23]

Nessa comunidade, a vida ética consistiria na busca de uma forma de viver autenticamente humana, isto é, racionalmente fundada.

Aí, a renovação – objetivo de vida ética – implicaria tanto o homem individual como "o homem em ponto grande", a comunidade "pluricéfala (...) mas conectada"[24], afirmando a dimensão pessoal e livre de cada um e de todos.

O homem como pessoa se caracteriza pela autoconsciência, a reflexão sobre a própria vida e os próprios atos, a valoração de si e dos seus atos, a decisão e as metas que se propõe a atingir, a intervenção no mundo. Sua liberdade se caracteriza por um querer, um pensar, um agir singulares em vista da realização de valores positivos, da vida feliz, segundo uma racionalidade que reconhece como capaz de orientá-lo para seus fins.

A autorregulação em vista de um fim assume uma dimensão ética quando sua vocação conduz o homem para a

---

[22] Id., Renovação como problema ético-individual. In: id., op. cit., p. 39.

[23] Id., ibid., p. 40.

[24] Id., ibid., p. 40-41.

realização de valores autênticos, como a arte, a ciência, a filosofia[25]; valores que ele ama com toda a alma, de tal modo que "só a criação de tais bens (...) traz a satisfação 'mais íntima' e 'mais pura' (...)".[26]

A vida ética é, assim, renovação que conduz o homem para a libertação da "ingenuidade animal". É vontade livre orientada em vista da meta a ser alcançada, e que produz um contentamento racionalmente fundado, "radicado na certeza intelectiva de poder conduzir plenamente a vida no seu todo a lições bem-sucedidas (...)".[27] Trata-se de preparar a ação de tal modo que ela crie "a consciência da responsabilidade da razão ou consciência ética".[28]

Essa consciência conduz ao significado de um homem "novo", que busca expressar, na vida individual, "veracidade, racionalidade e justeza", avaliando "universalmente a si próprio e a sua vida"[29], e procura traduzir, na existência concreta, o bem reconhecido como tal. Para tanto, tende a realizar um ideal de perfeição, fazendo a cada vez mais o melhor possível, naquele momento dado.

O paradigma dessa racionalidade e perfeição é a "ideia de Deus", para a qual todo "esforço autenticamente humano está dirigido (...)".[30]

O texto de Husserl faz recordar a antiga noção grega de *areté*, de busca da excelência, em todos os níveis, como expressão

---

[25] Id., ibid., p. 46-47.
[26] Id., ibid.
[27] Id., ibid., p. 50.
[28] Id., ibid., p. 51.
[29] Id., ibid.
[30] Id., ibid., p. 52.

da racionalidade e da humanidade do homem. Essa busca é imitação da vida dos deuses, ou seja, é busca de plenitude, reconhecendo, embora, os limites do humano.

Assim como para Aristóteles, também para Husserl a vida racional é a mais perfeitamente humana. O homem não é apenas um animal, mas tem autoconsciência e esta faz com que ele viva de modo cada vez mais livre, considerando a totalidade de sua vida e as possibilidades de sua realização.

A racionalidade se torna, então, o fundamento do homem que, a partir de si próprio, justifica seus atos e reconhece o *imperativo ético*: o de viver segundo a razão, fazer o melhor possível, ser o melhor a partir de alternativas abertas encontradas no seu existir.[31]

É a partir de si mesmo, da sua autocondução e da ideia de finalidade da sua vida que surge a dimensão ética do agir no homem. Tornar-se si mesmo, aprimorar-se, buscar a verdade, a beleza e o bem são as tarefas postas a si pelo ser humano. Esse ideal está, contudo, sempre ameaçado: o sujeito pode escolher uma vida que implica o abandono do que foi reconhecido como bom, endurecer-se numa contínua desatenção ao imperativo de toda vida verdadeiramente humana.

Uma vez mais podemos perceber aqui a ressonância dos ensinamentos da ética aristotélica sobre virtudes e vícios, consistindo o vício, para o filósofo grego, na escolha intencional e continuada da paixão e do desejo, contra a razão. A intemperança é resultado de uma escolha, e a cegueira moral é desencadeada por uma decisão inicial, assumida pelo homem, contra os ditames da razão.

---

[31] Id., ibid., p. 54-55.

Para Husserl, a vida ética supõe método, disciplina entendida como autogoverno, autovigilância, "autoelevação continuada".[32] A busca do melhor supõe ciência e consciência. Daí, somente será possível para o sujeito alçar-se a uma ética universal se for capaz de "intelecções principais perfeitas", de modo que a racionalidade do agir abarque a lógica, a axiologia e a reflexão sobre o imperativo categórico, bem como a investigação das formas de vida ética possíveis – "compreendidas *a priori* na essência do homem".[33]

A proposta de Husserl é conduzir à reflexão, de maneira que seja possível passar do homem concreto, com sua ética individual, para "a forma essencial geral do homem ético e a de uma vida sob o imperativo categórico formalmente idêntico (...) comum a todos os homens (...)", alcançando uma "Ética científica e principial" derivada "da 'essência do homem' (...)".[34] A vida ética é essencialmente uma vida marcada pela razão e pela liberdade, que possibilita ao ser humano encontrar a "maior 'felicidade' possível"[35]. É descrita por Husserl como uma vida de "combate contra as 'tendências rebaixantes' (...)", é vida de "renovação continuada".[36]

No plano individual, a busca de autossuperação – de realização permanente das possibilidades mais altas, quer dizer, racionalmente reconhecidas como boas, belas, verdadeiras – caracteriza a renovação como eixo de vida ética.

---

[32] Id., ibid., p. 58.

[33] Id., ibid., p. 59-60.

[34] Id., ibid., p. 60.

[35] Id., ibid., p. 62.

[36] Id., ibid.

No plano de vida da cultura, a renovação, que conduz a uma vida de comunidade propriamente humana, dá-se por meio da ciência. Renovação e ciência[37], no plano de vida de cultura tornam-se, para Husserl, termos intercambiáveis, que fundamentam uma ética universal.

A pergunta que Husserl faz – significativamente, o texto foi escrito entre 1922 e 1923, ou seja, na breve paz que se estabeleceu entre duas guerras mundiais – é a seguinte: "Como é possível a renovação de uma cultura?"[38]; como se pode tornar autenticamente humana uma cultura?

O pressuposto desse autor é que a Humanidade se eleva de uma "forma inferior de uma vida (...) até uma comunidade 'verdadeiramente humana' (...) por meio de um devir"[39], que transmuta a cultura inautêntica numa verdadeira comunidade de cultura.

Inspirado na linguagem da ética kantiana, Husserl fala de imperativo categórico, norma do agir. Tendo consciência do bem, querendo livremente o bem, decidido pelo que reconhece como bem, o homem se conforma à vida ética. Está, contudo, cotidianamente, confrontado com as paixões, que podem desviá-lo do que reconhece racionalmente como bem, e com a possibilidade de enganar-se a respeito de meios, motivações e valores. Vivendo numa comunidade humana e reconhecendo-se responsável pelas suas decisões, vê também que o outro com quem convive é um bem em si; é alguém que também busca realizar seu próprio ser.

[37] Renovação e ciência. In: HUSSERL, E. *Europa – Crise e renovação*. Lisboa: Universidade de Lisboa, 2006, p. 63-79.
[38] Id., ibid., p. 63.
[39] Id., ibid.

Daí o homem querer, no cumprimento da sua vida ética, que a comunidade de homens bons também se realize. Quanto mais se expressa eticamente, tanto mais é verdadeiramente um ser humano.

Como isso não ocorre de uma só vez, mas é alcançado no plano individual e no plano coletivo de modo gradual, na vida do sujeito e na da coletividade dá-se uma mistura do bem e do mal, valor e desvalor, até que o círculo de homens bons seja predominante e inspire uma vida melhor.

A comunidade assim constituída assume autoconsciência, vontade, de modo a orientar os sujeitos singulares que a compõem na direção de uma ética universal. Para tanto, há que cumprir etapas: primeiro, trata-se "de captar a ideia de homem e de uma comunidade humana na generalidade 'formal' ou 'principial', desenvolvendo, a partir do mundo circundante – individual, físico e comunitário – as formas possíveis de comunidade, normalizadas sob princípios éticos, elaborando 'cientificamente as correspondentes ideias normativas"'.[40]

O problema que se põe ao filósofo é o de como passar de níveis de desenvolvimento menos aprimorados para níveis mais altos. Isso só é possível quando a consciência ética dos indivíduos desperta e converge, visando um desenvolvimento progressivo da comunidade.

Husserl pretende que a passagem de princípios éticos individuais a uma vida ético-social, pensada como doutrina dos princípios, só pode ocorrer segundo critérios da ciência universal, que é a filosofia: "Uma coletividade humana é (...) despertada para a Humanidade quando (...) nela os indivíduos singulares

[40] Id., ibid., p. 68-69.

(...) concebem como ideal não apenas a ideia do homem bom, mas também a ideia de uma comunidade de bons (...)".[41]

Para que o reconhecimento de uma ética universal ocorra, é preciso que indivíduos "se unam sob a ideia comum de uma Humanidade verdadeira e de uma 'Ciência' universal que a sirva, enquanto sabedoria do mundo"[42], e que essa ideia comum unifique as vontades em torno da consciência do dever e do dever-ser, construindo uma vontade comunitária em direção ao bem comum.

O papel da filosofia, enquanto sistema cultural, é o de imprimir na busca do bem comum uma orientação racional, superior a qualquer prudência vinculada ao senso comum. A filosofia é a ciência universal do *logos*, consciência da norma e dos modos de a realizar, do método que leva uma comunidade a se apropriar de sua autêntica Humanidade.

Teoria universal da ciência, teoria da razão e da lógica, a filosofia é "motor de desenvolvimento de Humanidade em direção a uma Humanidade que se transporta até uma autorrealização superior (...)"[43], e é também base de vida da cultura, expressão e objetivação de valores racionais.

Essa realização, essa meta conscientemente posta pela comunidade a si própria, surge pelo reconhecimento do sentido do mundo e da vida criadora, implicados na ação ética.

E Husserl mostra o desenrolar da norma a partir da vida singular, da cultura característica do povo no qual se inscreve, em direção à Humanidade ética universal, entendida como povo

---

[41] Id., ibid., p. 71.
[42] Id., ibid., p. 72.
[43] Id., ibid., p. 76-77.

mundial, supranação, "superEstado, acima de todos os estados singulares (...)".[44] É nesse horizonte surpreendentemente amplo para a época em que viveu, que Husserl fala de unidade da Humanidade em torno de valores racionalmente fundados e reconhecidos.

Esses escritos precedem, de muitos anos, a conferência *A crise da humanidade europeia e a filosofia*, pronunciada em 1935, em Viena, e que prepara a obra-testamento de Husserl, *A Crise das Ciências Europeias e a Fenomenologia Transcendental*, de 1936.

Como afirma Pedro Alves[45], Husserl entende a cultura filosófica "como a cultura da razão. Nesse sentido, a filosofia não é europeia (...), é a Europa que é filosófica. E a grandeza da Europa filosófica (...) não se confunde com qualquer projeto de domínio protagonizado por um povo, mas com o modo como ele, na finitude das suas formas de cultura, é o fenômeno de ideia infinita de uma cultura racional que pode (...) tornar-se cultura de uma Humanidade universal (...) fundada na ideia de uma Humanidade autêntica", que busca a realização da razão.[46]

Assim, para Husserl, a ideia de crise está intimamente associada à ideia de renovação, de retorno a um ideal de vida, de reatualização permanente desse ideal. A crise tem origem num desvio da racionalidade, que consiste na interpretação dessa segundo o padrão das ciências da natureza, do naturalismo e do objetivismo.

---

[44] Id., ibid., p. 72.

[45] ALVES, Pedro M. S. Introdução na Tradução Portuguesa. In: HUSSERL, E. *Europa – Crise e renovação* Lisboa: Centro de Filosofia da Universidade de Lisboa, 2006, p. 11.

[46] Id., ibid.

Recuperar a plenitude da racionalidade mediante um superracionalismo que vincule racionalidade e vida é a grande tarefa da filosofia contemporânea, segundo o nosso pensador.

A meditação sobre a crise das ciências está fundada, na discussão sobre o sentido da razão, O que é a crise? É uma crise da razão, uma crise da existência; não é encarada como um destino ou fatalidade, mas exige, para ser superada, a compreensão do *eidos* da Europa.

O aparente fracasso do racionalismo põe a comunidade europeia – no início da Segunda Guerra Mundial – perante duas alternativas: o afundamento na barbárie ou o renascimento, a partir da ciência por excelência, e a filosofia. Para tanto, é preciso caracterizar a estrutura espiritual da Europa, não "geofísica ou cartograficamente", mas, como uma "ordem espiritual", fundada numa atitude nova perante o mundo, que irrompeu entre os séculos VII e VI a.C., na Grécia, e foi chamada pelos gregos de filosofia.

A filosofia assim entendida é a "ciência universal, a ciência da totalidade do mundo, da unidade total de todo o existente"[47], fenômeno originário que caracteriza a Europa, do ponto de vista espiritual.

É a partir da formação de ideias que "o homem se torna um homem novo (...)", pois, "vivendo na finitude, se orienta para o polo do infinito"[48] mediante o surgimento de um puro interesse, uma paixão pelo conhecer, que transforma o pensador em um contemplador do mundo.

---

[47] HUSSERL, E., *A Crise da Humanidade Europeia e a Filosofia*, Porto Alegre: EDIPUCRS, p. 73.

[48] Id., ibid., p. 74.

A crise consistiu não no racionalismo ou na afirmação da razão, mas na sua aberração, sua redução a um objetivismo ingênuo. Refletindo sobre a natureza, o ser humano, pelos êxitos que alcançou nesse domínio, foi levado a uma confusão entre "as relações de método e de conteúdo entre as ciências da natureza e as ciências do espírito".[49] O modo de superarmos essa dificuldade é, para Husserl, a construção de um método que tenha por objetivo compreender a essência "do espírito em sua interioridade", a "fenomenologia transcendental".[50]

Como bem assinala Ziller, "Husserl não só diagnostica a crise, mas apresenta a fenomenologia como método para superá-la".[51]

Husserl vê na crise contemporânea uma oportunidade para superarmos uma concepção demasiado estreita da razão, redescobrindo sua inserção no mundo da vida como possibilidade de liberdade, de transcendência e dinamismo, de permanente ultrapassamento: "Somente reconhecendo a razão e a liberdade como atributos da subjetividade poderá libertar-se o homem de processos objetivantes que esquecem o mundo da vida concreta".[52]

Zilles mostra que Husserl enfoca o presente enquanto situação de crise; o passado filosófico e científico enquanto gênese do presente; o futuro enquanto *télos*, que orientará a superação da crise, mediante a recuperação de uma racionalidade universal.[53]

---

[49] Id., ibid., p. 92.

[50] Id., ibid., p. 94.

[51] ZILLES, U. A fenomenologia husserliana como método radical. In: HUSSERL, E. *A Crise da Humanidade Europeia e a Filosofia*, p. 61.

[52] Id., ibid., p. 57.

[53] Id., ibid., p. 58.

Em suma, a perspectiva de Husserl a respeito da noção de crise é:

a) a crise é uma crise da razão;

b) a crise é oportunidade de mudança; não necessariamente para o pior, mas ocasião de renovação, retomada de valores que alicerçam a cultura europeia;

c) para o filósofo, a Europa não representa apenas um lugar geográfico, mas é metáfora da vida do espírito humano, no seu vir a ser em direção à felicidade, à vida criadora;

d) a superação da crise das ciências e da razão dá-se por uma redescoberta dos valores fundantes da Humanidade postos à luz pela primeira vez por intermédio do logos grego e do nascimento da filosofia;

e) a filosofia é a ciência crítica, por excelência, que pode conduzir a racionalidade à sua expressão mais alta, a expressão dos valores do espírito: bem, beleza, verdade;

f) a superação da crise dá-se pela busca da excelência, no plano do sujeito individual e pela busca do bem comum, racionalmente reconhecido, por parte da comunidade humana.

3. A crise na perspectiva de Heidegger

Heidegger aborda, em uma conferência pronunciada em 1949, a problemática da técnica; em 1953, edita o *Introdução à Metafísica* e publica o texto da conferência sobre a técnica. Em 1957, publica a *Carta sobre o Humanismo*. Nesses textos, que correspondem ao período da *Kehre*, o pensador da Floresta Negra trata de explicitar sua crítica ao mundo contemporâneo.

O enfoque heideggeriano, diversamente de Husserl, não acentua a retomada de certo tipo de racionalidade, da qual o homem moderno e contemporâneo teria se afastado. Não se trata, para Heidegger, de buscar uma ciência estrita que fundamentaria o desvendamento da essência do homem e a problemática ética. Filosofia, para ele, não é ciência. É certo tipo de saber, que tem como tema axial a questão do Ser. Não é tampouco metafísica, no sentido tradicional ou kantiano do termo. É a busca de uma ontologia fundamental, que assegura ao homem uma compreensão do seu ser, fazendo a crítica da civilização técnica, e aborda a questão da existência autêntica, existência verdadeiramente humana, à luz da relação homem com o Ser.

Já em *Ser e Tempo*, ao propor uma nova compreensão do homem à luz da meditação sobre o Ser, entendendo esse como realidade abissal, Origem, o que brota a partir de si mesmo, o que perdura, Heidegger já assinala a exigência de um novo tipo de pensar, que supera a meditação a respeito do Ser entendido como totalidade do existente. Aí se manifesta a distinção entre *Ser* – grafado com maiúscula – para designar a realidade originária – e *ente,* compreendendo esta noção o homem e o mundo, assim como toda a realidade que é objeto das ciências. Pretendendo ir além do meramente dado, a filosofia se torna um tipo de pensar que investiga o extraordinário.

É nesse horizonte, o de uma ontologia fundamental, que se desdobra a reflexão heideggeriana sobre a crise contemporânea.

Heidegger a vê, antes de mais nada, como esquecimento das origens, errar longe do Ser, apegando-se o homem ao mundo dos entes.[54] A crise contemporânea é uma crise da vida do espírito, "cujos processos essenciais são: a fuga dos deuses, a destruição da terra, a massificação do homem, a primazia da mediocridade".[55]

---

[54] COTTEN, J-P. *Heidegger.* Paris: Seuil, 1974, p. 110 e segs.
[55] HEIDEGGER, M. *Introdução à Metafísica.* Rio de Janeiro: Tempo Brasileiro, 1969, p. 71.

A crise é o obscurecimento do mundo, a despotenciação do espírito, sua deturpação ou desvirtuamento. É uma crise, não apenas da Europa, mas também da Rússia e da América, preparada pela decadência do idealismo alemão. A existência, desenraizada de seus valores e de sua grandeza, deslizou para a superficialidade, banalidade e padronização.

Exemplo dessa decadência é a transformação da vida do espírito em mera habilidade técnica. Ao erigir a razão calculadora e o engenho em critérios de vida e de existência, o homem contemporâneo repete infinitamente o já dado, sem nada criar. Quando essa "desfiguração instrumental do espírito se impõe, (...) todo acontecer espiritual"[56] – poesia, arte, ciência, religião, vida política – se torna valor de uso.

O saber passa a ser confundido com a mera competência técnica e a arte com divertimento. A inteligência torna-se instrumento voltado à produção de coisas, "a ciência em todos os seus setores (...) é hoje uma questão técnica e prática de adquirir e transmitir conhecimentos".[57] Aglutinados pela organização técnica das universidades, as ciências não apresentam uma unidade espiritual, mas se caracterizam pela sutileza vazia.

Vinculando o homem cada vez mais ao mundo dos entes – à realidade circundante que ele trata de domesticar e dominar –, ao saber técnico, a ciência instrumental expõe o seu afastamento crescente em relação à sua tarefa essencial: a de ser um mediador entre o mundo dos entes e o Ser, a de superar o esquecimento da Origem, indagando: "Por que há simplesmente o ente e não antes o nada?."[58]

[56] id., ibid, p. 72-73.
[57] Id., ibid., p. 74.
[58] Id., ibid., p. 33 e segs.

Essa é "a mais vasta e a mais profunda (...), a mais originária"[59] de todas as questões.

A questão originária é esquecida em uma época que enfoca o tempo apenas como "rapidez, instantaneidade e simultaneidade", mergulhada na "fúria sem consolo de técnica (...) e da organização sem fundamento do homem normal".[60]

Escrito em 1935, mas publicado em 1953, o texto da *Introdução à Metafísica* reflete o intenso abalo do início da Segunda Guerra Mundial, a espantosa crise da razão, assinalada também por Husserl.

A busca de uma superação da crise e o prosseguimento da meditação sobre a técnica e sobre o sentido da vida humana são desdobrados em *Caminhos de Floresta* (1938), no *Carta sobre o humanismo* (1945), no *Para que poetas?* (1946), culminando no escrito sobre a técnica (1949).

Reunindo textos de 1935 a 1946, *Caminhos de Floresta* (1938) engloba *A origem da obra de arte* (1935-1936) e de *Para que poetas?* (1946). No primeiro, distinguindo entre a coisa e a obra, entre o utensílio e o seu significado, Heidegger recupera o sentido poético – e não apenas produtor, instrumental – do fazer humano. O utensílio, no seu significado profundo, caracteriza-se pela fiabilidade que inscreve o homem no mundo. A obra de arte põe a verdade do ente à plena luz, manifesta o seu significado. Dessa maneira, a obra de arte recupera, restitui, "a essência universal das coisas" (...)[61]. Nela, "a verdade é posta em obra".[62]

---

[59] Id., ibid., p. 35.

[60] Id., ibid., p. 64.

[61] Id., *Caminhos de Floresta*, Lisboa: Fundação Gulbekian, 1998.

[62] Id., ibid., p. 33.

No outro extremo do tempo, 1946, acha-se o texto *Para que poetas*? É a partir do verso de Hölderlin, "para que poetas em tempo indigente?", que Heidegger fala de um mundo sem Deus, um mundo de deuses em fuga e de indigência, desenraizamento do mundo de seu fundamento.

A saída desse destino sombrio só é possível quando o homem puder reencontrar a própria essência. O papel essencial de arte e da poesia é o de assinalar a possibilidade do sagrado, superar o esquecimento. É na obra de Rilke, nos *Sonetos a Orfeu* e *Elegias de Duino*, que o filósofo reconhece um "poetar" capaz de indicar um caminho. O tempo indigente, o tempo da ausência do sagrado, é o tempo da crise, da errância longe do Ser, do esquecimento. Diz o filósofo: "O tempo é indigente porque lhe falta o *não estar encoberto* da essência da dor, da morte e do amor. A própria indigência é indigente porque nela se esconde o domínio essencial no qual a dor, a morte e o amor pertencem uns aos outros".[63]

O homem de hoje existe "à maneira do impor-se (...), a terra e a atmosfera tornam-se matéria-prima. O homem torna-se material humano colocado a serviço dos objetivos propostos. A instalação incondicionada do impor-se... configura-se como 'a essência oculta da técnica'".[64] O que ameaça o homem é a convicção de que a técnica, a exploração e a transformação do mundo trariam paz e felicidade.[65]

No *A questão da técnica*, conferência de 1953, Heidegger define a técnica como "meio para certos fins" e "atividade do

[63] Id., ibid., p. 316.
[64] Id., ibid., p. 333 e segs.
[65] Id., ibid., p. 338 e segs.

homem".[66] Por um desvio de sua finalidade, que é o desvelamento do mundo, o traço fundamental da técnica tornou-se a instrumentalidade[67]. A finalidade da técnica deveria ser existir como um fazer poiético, como um modo do desvelamento, da *alétheia*. Mas o desvelamento "que rege a técnica moderna não se desdobra numa produção no sentido da *poiésis*"[68], mas no de uma provocação, domínio, imposição (*Ge-stell*). Essa imposição da técnica apresenta-se como um modo de desvelamento do mundo que mascara o outro tipo de desvelamento que se entende como *poiésis*, fazer "aparecer a coisa presente".[69] Por isso, a técnica resulta num perigo para o homem, ao atingi-lo em seu ser, ocultando sua verdade. Nesse perigo, contudo, reside também a possibilidade da liberdade e da salvação, à medida que compreendermos o que é essencial na técnica, "em vez de nos deixarmos fascinar pelas coisas técnicas".[70]

A questão central da técnica não é a da produção, mas a do desvelamento/ocultação, na qual se entrevê a problemática da verdade. É aproximando *techné* e *poiésis*, reconhecendo seu laço originário, na língua grega, e mostrando que "outrora, techné designava também a produção do verdadeiro no belo"[71], que Heidegger recupera o sentido essencial da técnica, esquecido no mundo contemporâneo: o de, por meio de um desvelamento produtor, fazer perpassar toda arte, todo ato, pela verdade expressa através da beleza.

---

66 HEIDEGGER, M. *La question de la technique*. In: id., Essais et confèrences. Paris: Gallimard, 1958, p.10.
67 Id., p. 17-18.
68 Id., p. 37.
69 Id., ibid.
70 Id., ibid., p. 44.
71 Id., ibid., p. 46.

A situação crítica do homem atual é a de, pelo excesso de técnicas, não perceber mais o ser essencial da técnica; e pelo excesso de estética, decair no ornamental, no decorativo, perdendo o significado de arte. No âmbito do conhecimento, da ciência, dá-se algo análogo. A essência da ciência é "ser um modo (...) – de conhecimento – no qual tudo o que é se expõe diante de nós".[72]

Precedendo um texto importante de 1938, *A época das concepções do mundo*, editado em *Caminhos de Floresta*, o filósofo mostra que a ciência é um fenômeno essencial dos tempos modernos. Entende-a como uma técnica mecanizada: que propõe uma ideia geral do mundo; que investiga de modo preciso e metódico a possibilidade da exploração organizada e de conhecimento do mundo. Mensurabilidade e objetividade aparecem como correlatos, na perspectiva da ciência moderna, "teoria do real repousando sobre a primazia do método".[73] Marcada pela compartimentação, pela especialização, pela objetivação da natureza, a ciência atual reduz o real ao mensurável.

A essa concepção vigente de ciência, Heidegger opõe a ciência entendida como teoria, modo de vida "que permite perceber e expor os *archai* e *aitíai* da coisa presente (...)[74]. Assim, para os gregos, na interpretação do nosso filósofo, a teoria era "a atenção respeitosa dada à não ocultação da coisa presente (...) é *visão da verdade* e *guardiã da verdade*"[75], busca a apreensão do real tal como ele é. É somente meditando sobre o significado do seu *ser no mundo* que o homem pode dirigir-se ao que essencialmente é.

---

[72] Id., *Science et meditation*. In: id., *Essais et Conférences*, p. 49.

[73] Id., A época das concepções do mundo. In: id. *Holzwege*, p. 65.

[74] Id., ibid., p. 58.

[75] Id., ibid., p. 59.

Na perspectiva moderna, a ciência é entendida como "elaboração do real, intervenção (...) no real".[76] Tendo abandonado o sentido originário de teoria do real, a ciência atual não pode mais apreender o ser da ciência considerado no seu sentido originário. Por isso, uma inquietação percorre hoje todas as ciências: "fala-se, hoje, de uma 'crise dos fundamentos' das ciências".[77]

Duas conferências de 1951/1952, *Construir, habitar, pensar* e *Que quer dizer pensar?*, indicam, na obra ulterior de Heidegger, alternativas para o nosso tempo.

O homem habita o mundo quando vive no espaço aberto entre terra e céu, deuses e mortais, o célebre *Quadriparti*, que o filósofo diz ser a instauração de um mundo, a recuperação de proximidade com o sagrado, a redescoberta, pelo homem, do seu laço com a totalidade dos entes e com o Ser. O homem alcança o que verdadeiramente é quando "salva a terra, acolhe o céu, espera os divinos, conduz os mortais"[78], preservando os *Quadriparti*, isto é, quando funda um mundo, quando o resguarda.

Um modo de habitar o mundo é pensá-lo. Mas, para o filósofo, "a ciência não pensa (...)".[79] Pensar quer dizer estar exposto ao acontecimento do Ser, sinalizar, apontar para o Ser. Pensar é a essência da poesia, memória e dizer do que permanece. Poetar e pensar são ramos distintos de um mesmo tronco, e o pensar é perceber "o presente na sua presença"[80], desocultação do impensado no ser.

---

[76] Id., ibid., p. 62.

[77] Id., ibid., p. 74.

[78] Id., *Bâtir, Habiter, Penser*. In: id., *Essais et Conférances*, p. 189.

[79] Id., *Que veut dire 'Penser'?* In: id., ibid., p. 157.

[80] Id., ibid., p. 166.

Em resumo, podemos dizer que, para Heidegger:

a) a crise contemporânea é um desvio, uma errância, um esquecimento por parte do homem da realidade originária: o Ser como abismo;

b) a racionalidade moderna resulta desse esquecimento; o homem moderno volta-se para o mundo dos entes e a razão se torna razão instrumental, meio de domínio e transformação do mundo da natureza, levando o homem ao obscurecimento do sentido do seu existir e do seu fazer, à identificação com as coisas e à perda do sentido do sagrado, à existência vazia e inautêntica;

c) existindo como um entre-dois, como aquele que se situa entre o Ser e o mundo dos entes, entre o abismo da Origem e a presença das coisas, o homem perde, hoje, esse caráter de mediador, ao se esquecer do Ser e ao se identificar apenas com o polo das coisas[81];

d) a superação da crise é possível, segundo nosso filósofo, desde que o homem recupere o sentido originário do pensar: pôr-se à escuta da voz do Ser, inscrever-se no aberto pelo Ser;

e) o pensamento capaz dessa *Kehre*, desse deslocamento do foco de atenção dos entes ao Ser, é aquele que conduz à constatação do esgotamento da filosofia ocidental e à busca de uma ontologia fundamental, inspirada nos pensadores pré-socráticos e que recupera, traduz, interpreta, para o homem de hoje, as palavras da Origem: Physis, Alétheia, Logos, Moira...[82]

---

[81] MACDOWELL, J.A., *A Genese da Ontologia Fundamental de Martin Heidegger*. São Paulo: Hereder/EDUSP, 1970.

[82] ZARADER, M. *Heidegger et les paroles de l'origine*. Paris: Vrin, 1990.

A crise é a ameaça, a possibilidade inquietante do desvirtuamento do sentido do homem e do mundo e da relação desses com o sagrado. A superação da crise consiste na instauração de um novo tipo de pensar, na redescoberta do Logos que possa devolver ao homem sua existência autêntica e a possibilidade de realizar sua tarefa essencial: a decifração do mistério, a sondagem do Ser.

4. Conclusão

Husserl e Heidegger, como diversos pensadores de nossa época, assinalaram a existência de uma crise da razão, que ameaça a vida autenticamente humana.

Para Husserl e Heidegger, a crise se apoia sobretudo em um estreitamento da razão que, abandonando seu caráter essencialmente investigativo, compreensivo e ético – como vemos em Husserl –, e seu caráter poiético, de desvelamento do real – que encontramos em Heidegger – teria decaído numa abordagem essencialmente técnica e instrumental do mundo, visando a manipulação e transformação da natureza, a imposição de uma visão mecanicista e produtora de objetos úteis.

A superação da crise é, para ambos, a afirmação de uma dimensão ética, é busca da existência autenticamente humana, recuperação da vida criadora.

Para ambos, o destino sinalizado pela crise não é inelutável: é possível, pela razão, pela poesia, pela afirmação do sentido ético-religioso da existência humana, ultrapassarmos a derrelição que se anuncia.

A vida autenticamente humana é a que se exprime pela liberdade, pela não redução do homem às coisas, pela recusa da fúria de um fazer desvinculado da *poiésis*. A busca do *eidos* em Husserl e a de um poetar-pensante em Heidegger seriam as vias abertas para a liberdade, segundo esses autores.

O que está em jogo, para ambos, é a reformulação do conceito de homem e a discussão de seu lugar no Universo à luz de novas concepções da razão.

A epistemologia e a ética caminham juntas, em Husserl; a ontologia fundamental e a ética que nela está implícita podem ser assinaladas, em Heidegger. Seus denominadores comuns: a afirmação do valor do homem e da liberdade.

2. Crise e liberdade em Merleau-Ponty

1. A crise na perspectiva de Merleau-Ponty

Na obra de Merleau-Ponty, especialmente no livro *Fenomenologia da Percepção,* a caracterização da filosofia fenomenológica aparece como uma via de superação das oposições entre racionalismo e empirismo, que caracterizaram a filosofia moderna.

Invocando os trabalhos de Husserl nas *Meditações Cartesianas*, o pensador francês assinala que "a fenomenologia é estudo das essências", é recolocação das "essências na existência", considerando a experiência vivida do mundo, do espaço e do tempo na perspectiva de uma "filosofia transcendental".[1] Afirmando a fenomenologia como movimento, estilo, atitude filosófica, nosso autor aponta seus precursores: Hegel, Kierkegaard, Marx, Nietzsche, Freud. Ela é essencialmente um método novo, um novo modo de abordar as relações consciência-mundo.[2] Pondo em discussão os preconceitos clássicos presentes nas análises da relação consciência-mundo, seu

[1] MERLEAU-PONTY, M. *Phénoménologie de la perception.* Avant-propos. Paris: Gallimard, 2005, p. 7.
[2] Id., ibid., p. 8.

ponto de partida é a crítica do empirismo, mas também do intelectualismo e do racionalismo, representados exponencialmente por Descartes e Kant. Afirmando a primazia do vivido sobre o conceitual, nosso autor diz: "Não sou um 'ser vivo' ou mesmo um 'homem' ou 'uma consciência' (...); sou a fonte absoluta, minha existência não vem de meus antecedentes (...), vai em direção a eles e os sustenta".[3] É, pois, a partir dessa concepção e obedecendo à preconização de Husserl de "voltar às coisas mesmas", entendida pelo filósofo francês como um retorno ao mundo pré-reflexivo, anterior a todo conhecimento objetivo e solo de todo o saber, que se desenrola sua reflexão.

Criticando o retorno idealista à consciência, ou seja, criticando Descartes e Kant que fundamentam as certezas respectivamente na evidência do *cogito* ou na atividade sintética do sujeito, Merleau-Ponty afirma que "o mundo não é um objeto que possuo tendo em mim a lei de sua constituição; ele é o meio natural e o campo de todos os meus pensamentos e de todas as minhas percepções (...). A verdade não 'habita' só o 'homem interior' (...); o homem está no mundo, é no mundo que ele se conhece".[4] Cessando de compreender o *cogito* à maneira de Descartes,nosso pensador, na esteira de Husserl – mas também superando Husserl – distingue, no *cogito*, o sujeito e o mundo, mas redescobre a certeza do mundo, não na certeza do pensamento a respeito do mundo, mas na afirmação do sujeito como um ser no mundo, e do *cogito* como um *cogito* encarnado.[5] O mundo não é uma soma de coisas ao

[3] Id., ibid., p. 9.

[4] Id., ibid., p. 11.

[5] Id., ibid., p. 13. Ver também, na terceira parte da mesma obra, o capítulo dedicado ao cogito.

redor de um eu. É o horizonte de nossa existência, em relação ao qual sempre nos situamos.

Para exprimir a correlação consciência-mundo, Husserl propõe a noção de *intencionalidade*, que será retomada por Merleau-Ponty. A mundaneidade do mundo, a facticidade do mundo, faz com que ele seja, não porque o pensamos, mas porque nele vivemos e com ele nos comunicamos. Daí o pensador francês dizer: "o mundo não é o que penso, mas o que vivo (...) eu me comunico (...) com ele, mas não o possuo, ele é inesgotável".[6] A noção de intencionalidade, buscada em Husserl, é o conceito-chave para Merleau-Ponty exprimir a superação tanto do racionalismo/idealismo como do empirismo modernos. Nosso filósofo parte da distinção husserliana entre *intencionalidade em ato* e *intencionalidade operante.* A primeira se refere aos "nossos juízos e tomadas de posição voluntárias"; a segunda "à unidade natural e antepredicativa entre o mundo e nossa vida, que aparece nos nossos desejos, avaliações, nossa paisagem (...)".[7] Para Merleau-Ponty, Husserl, ao introduzir o segundo aspecto da noção em pauta, teria ampliado a noção de intencionalidade tal como esta se apresenta em Kant, na *Crítica do Juízo,* em que trataria de refutar o idealismo, mostrando que "a percepção interior é impossível sem percepção exterior".[8] Essa ampliação consistiria em reconhecer a consciência "como projeto de mundo (...) em direção ao qual ela não cessa de se dirigir".[9]

---

[6] Id., ibid., p. 17.
[7] Id., ibid., p. 18.
[8] Id., ibid., p. 18.
[9] Id., ibid.

Descrição de um mundo, a compreensão fenomenológica não é intelecção ou experimento, mas funde, nas suas noções de racionalidade e de mundo, subjetivismo e objetivismo, considerando o encontro da subjetividade e da intersubjetividade, que torna o homem um "nó de relações"[10], tanto no diálogo com os outros como na conexão das experiências.

Construindo pouco a pouco uma nova concepção de homem, tomando como fundamento a constatação da corporeidade do ser humano e sua inscrição, a partir dela, no espaço, no entre as coisas, no com os outros, como ser capaz de um *cogito* e da experiência da temporalidade, o filósofo francês esboça a passagem da crítica epistemológica do racionalismo e do empirismo, encaminhando-se a uma meditação filosófico-antropológica e, finalmente, à ética, ao concluir sua obra-prima com uma reflexão sobre a liberdade.

Abordaremos, no que segue, os pontos-chave de sua meditação, buscando evidenciar a originalidade da contribuição de nosso autor para a superação da crise epistemológica e ética da filosofia contemporânea.

A experiência originária do mundo, do estarmos circundados de coisas, de nos movermos em direção às coisas, só é acessível à consciência pela mediação do corpo. Por isso, o filósofo diz que nosso corpo não está *no* espaço nem *no* tempo, mas "*habita* o espaço e o tempo".[11] (...) "é nosso meio geral de ter um mundo"[12] biológico, de significados culturais.

---

[10] Id., ibid., p. 21.

[11] Id., ibid., p. 174.

[12] Id., ibid., p. 182.

No entanto, é na análise da palavra e da expressão que o caráter único do corpo humano se expõe: dele emerge um sentido, que se amplia a todos os outros objetos do mundo. Na perspectiva assim instaurada, a reflexão merleau-pontyana supera a tradição cartesiana, a noção comum de corpo e alma, assim como a noção tradicional de consciência: "O corpo próprio está no mundo como o coração no organismo. Mantém continuamente em vida o espetáculo visível, o anima e o nutre interiormente formando com ele um sistema".[13]

O corpo inscreve o sujeito no espaço a partir de suas percepções e o inscreve no mundo tomando como ponto axial a paisagem oferecida à sua vivência. A consciência do mundo não emerge a partir da consciência de si: ambas são contemporâneas.

Nossa apreensão das coisas ocorre a partir do ponto de vista de nossa inserção no mundo, o qual não vivenciamos como espectadores, mas como participantes de um horizonte: "O mundo é uma unidade aberta e indefinida onde estou situado (...)".[14] E mais: "A percepção natural não (...) põe as coisas a que ela se refere, não as afasta para observá-las; vive com elas, é a (...) 'fé originária' que nos liga a um mundo como à nossa pátria, o ser do percebido é o ser antepredicativo em direção ao qual nossa existência total está polarizada".[15]

Na perspectiva assim afirmada, Merleau-Ponty faz a crítica de Kant, mostrando que o mundo não é "um sistema de relações invariáveis"[16], mas uma unidade, uma presença irrecusável, "o

[13] Id., ibid., p. 245.
[14] Id., ibid., p. 358.
[15] Id., ibid., p. 378.
[16] Id., ibid., p. 384.

horizonte de todos os horizontes"[17]. que torna possível ao homem apreender a si mesmo na sua "inerência ao tempo e ao mundo"[18], na ambiguidade essencial que leva nosso filósofo à crítica do *cogito* cartesiano e à discussão das relações com o outro e com o mundo humano.

A experiência do encontro com outras consciências, a descoberta do outro, tem como condição prévia o reconhecimento da própria encarnação, a transcendência do tempo imediato, o perceber-se "uma vez e para sempre [como um ser que] foi dado a si mesmo como alguma coisa a compreender".[19] Instaurado no mundo natural, o sujeito também se inscreve num mundo cultural, evidenciado pela presença de utensílios, expressões da presença do outro anônimo que é compreendido a partir das ações: o nós é descoberto a partir do eu que cada um é.[20] A pluralidade das consciências é evidenciada a partir da corporeidade do outro, análoga à corporeidade própria, vivenciada em cada sujeito. A comunicação das consciências torna-se possível à medida que os sujeitos, testemunhando um mesmo mundo, põem em comum, pela linguagem, pelo diálogo, a pluralidade de perspectivas que a pluralidade de consciências representa.[21] Assim, Merleau-Ponty mostra que sob todas as certezas da consciência, há uma "certeza primordial de tocar o ser mesmo (...)" de estarmos situados "(...) num mundo intersubjetivo (...)", e de todo saber rigoroso apoiar-se nessa experiência originária.[22]

---

[17] Id., ibid., p. 386-387.

[18] Id., ibid., p. 402.

[19] Id, ibid., p. 404.

[20] Id., ibid.

[21] Id., ibid., p. 410-412.

[22] Id., ibid., p. 413.

O tema da consciência pré-reflexiva, que sustenta toda a vida da consciência objetiva, e a afirmação de um *mundo vivido,* antes de ser pensado e que serve de solo comum a todas as consciências e garante a comunicação entre os homens, Merleau-Ponty vai buscá-los no último Husserl, explicitamente citado na obra em pauta.[23] É o Husserl dos textos da *Krisis* que encontramos aqui como referência essencial que possibilita o laço que pretendemos assinalar, entre a reflexão sobre a crise da modernidade e a reflexão sobre a liberdade, em Merleau-Ponty e Ricoeur.

A crítica do racionalismo e do empirismo modernos levaram Merleau-Ponty a uma nova formulação do cogito e a uma nova compreensão da temporalidade, que o conduziu a uma nova compreensão da liberdade, como veremos adiante.[24]

Ser pensante em situação impede ao homem total presença a si mesmo de modo imediato. Assim, definindo o sujeito como existência, Merleau-Ponty inverte a perspectiva cartesiana e afirma o fazer,o agir como fulcro do existir. Diz ele: "(...) não é *porque* eu penso que estou certo de existir, mas, ao contrário, a certeza que tenho de meus pensamentos deriva de sua existência efetiva. Meu amor, meu ódio, minha vontade não são certos como simples pensamentos de amar, de odiar ou de querer, mas (...)" sua certeza provém dos "atos de amor, de ódio ou de vontade dos quais estou certo porque os *faço*"[25]. Reconhecendo embora a importância da equivalência entre *pensar* e *existir,* proposta por

---

[23] Id., ibid., p. 422-423.

[24] MARCONDES CESAR, C. Intencionalidade e liberdade em Merleau-Ponty. *Revista Brasileira de Filosofia*. São Paulo: IBF, vol. 56, fasc. 230, Abril-Junho de 2008, p. 123-132; id. Pessoa, temporalidade e liberdade. *Phainomenon*. Lisboa: Universidade de Lisboa, n. 15, Outubro 2007, p. 161-178.

[25] MERLEAU-PONTY, M. op. cit., p. 442.

Descartes, Merleau-Ponty funda essa equivalência na prioridade do existir sobre o pensar. Daí o filósofo dizer que estar no mundo é ter uma *fé primordial* nesse mundo, que nunca é puramente em si nem projeção de um espírito absoluto, mas horizonte permanente de todas as existências.[26] Assim, para ele, "o mundo é inseparável do sujeito, mas de um sujeito que é só projeto do mundo; e o sujeito é inseparável do mundo, mas de um mundo que ele próprio projeta".[27] Esse mundo é "berço de significações, sentido de todos os sentidos e solo de todos os pensamentos; meio de superar a alternativa do realismo e do idealismo, do acaso e da razão absoluta, do não sentido e do sentido".[28]

Para um sujeito encarnado, o tempo é "a zona onde o ser e a consciência coincidem"[29], campo de presença, campo de possibilidades aberto ao fazer. Só existe tempo para o homem porque há esse campo de presença, esse horizonte, essas possibilidades abertas para o existir.[30] É recorrendo a Husserl e a Heidegger[31], e à abertura do presente vivo do sujeito ao passado e ao futuro, tanto individual como coletivo, que se explicita, para o filósofo francês, a ancoragem da liberdade no mundo vivido, pré-objetivo, do tempo e da consciência.

[26] Cf. n. 129.
[27] MERLEAU-PONTY, M. op. cit., p. 493.
[28] Id., ibid.
[29] Id., ibid., p. 486.
[30] Id., ibid.
[31] Id.,ibid., p. 488 e segs.

2. Intencionalidade e liberdade

A noção de intenção não é nova na filosofia. A tradição assinala a presença desse conceito, indicando a referência de um ato humano a um objeto desde o neoplatonismo árabe. Aparece, dentre outros, em Avicena, Alberto Magno, São Tomás de Aquino, Ockham.

No século XIX, Brentano retoma a noção para caracterizar os fenômenos psíquicos da representação, do juízo e do sentimento. Mas é com Husserl, no século XX, que tal conceito assume uma relevância maior, tornando-se a noção-chave da Escola Fenomenológica.

Nesse filósofo, a intencionalidade "é aquilo que caracteriza a consciência"[32] quando considerada na relação com as experiências vividas.

Para esclarecer a natureza das experiências vividas, Husserl recorre à noção de *intencionalidade*. Essa é um reportar-se da consciência a uma coisa, é um transcender no qual a coisa se dá ou se oferece à consciência e, nesse aparecer, se revela.

A noção de intencionalidade em Merleau-Ponty é tributária da concepção husserliana. Tentaremos, no que segue, explicitar seu conteúdo e alcance.

Em 2008 ocorreu o centenário de nascimento de Merleau-Ponty. Recuperar a importante contribuição desse pensador, pondo à luz a relevância de sua meditação e a originalidade de sua obra, é a proposta do presente estudo. Não pretendemos esgotar o assunto, dado a sua amplitude, mas focalizar a atenção nas relações entre *intencionalidade* e *liberdade*.

---

[32] HUSSERL, E. *Ideen*, I, & 84. In: MERLEAU -PONTY, M. *Fenomenologia da Percpção*. Rio de Janeiro: Freitas Bastos, 1971.

Partindo de Husserl, Merleau-Ponty reconsidera a noção de *intencionalidade* mediante a crítica do idealismo e do racionalismo, à luz de conceito de *Lebenswelt*, que revoluciona a relação consciência-mundo.

As noções de *subjetividade encarnada* e de *pré-reflexivo* estão no horizonte da explicitação, nos textos do filósofo francês, da noção de *intencionalidade* e do exame da *liberdade*, entendida como abertura de um campo de possibilidades para um sujeito situado.

Nossa abordagem vai se ater à obra-prima do filósofo, *A Fenomenologia da Percepção*, examinando seu *Prefácio* e o tópico III da Terceira Parte dessa obra, que, tratando do ser para si e do ser no mundo, põe em relevo o problema da *liberdade.*

A consideração da noção de intencionalidade, nesse autor, parte da ambiguidade da relação homem-mundo e da ambiguidade da própria fenomenologia.

Essa ambiguidade se expressa nos paradoxos e impasses que a fenomenologia husserliana desencadeia. Tais paradoxos são os seguintes: *primeiro*, a fenomenologia é apresentada com um estudo de essências, mas também como uma filosofia que pensa "as essências na existência" e o homem na sua "facticidade"[33]. O *segundo* paradoxo consiste no fato de a fenomenologia ser "uma filosofia transcendental" que faz a *epoché* "das afirmações da atitude natural", mas também enfoca o mundo prévio a toda reflexão como "presença inalienável".[34] O *terceiro* paradoxo reside na pretensão da fenomenologia de ser *ciência rigorosa,* mas também uma "exposição do espaço, do tempo e do mundo vividos".[35]

---

[33] MERLEAU-PONTY, M. *op. cit.*

[34] Id., ibid.

[35] Id., ibid.

E, finalmente, *o último paradoxo* consiste na proposta da fenomenologia de descrever "nossa experiência tal como ela é, sem consideração com sua gênese psicológica e com as explicações causais [do] historiador ou do sociólogo (...)", e o fato de "Husserl em seus últimos trabalhos [fazer menção] a uma 'fenomenologia genética' [ou], 'fenomenologia construtiva'".[36]

Esses paradoxos emergem da tentativa da fenomenologia husserliana de superar tanto o idealismo quanto o empirismo cientificista.

Merleau-Ponty busca superar esses paradoxos entendendo a tarefa da fenomenologia como a descrição da relação consciência-mundo e não como análise ou explicação dessa relação.[37] Por isso, focaliza a atenção na experiência originária do mundo enquanto vivido, enquanto prévio a todo ato de conhecimento científico e a toda reflexão.

Descartes e Kant, na opinião de nosso filósofo, apesar de terem intuído esse caráter originário da existência, enfatizaram, cada um a seu modo, um tipo de análise reflexiva na qual as relações entre o mundo e o sujeito não são rigorosamente bilaterais.

Ora, considerando o mundo que é dado ao sujeito na percepção, Merleau-Ponty assinala que esse existe previamente a qualquer análise que possamos fazer dele, como campo de todos os nossos pensamentos e percepções.[38]

Não é, pois, enquanto realidade objetiva que o homem encontra o real; "é [como] meio natural, [como] campo de todos os

[36] Id., ibid.
[37] Id., ibid., p. 6.
[38] Id., ibid., p. 8.

pensamentos e todas as percepções (...) [de] um sujeito voltado para o mundo".[39]

Esse voltar-se para o mundo do sujeito e esse apresentar-se do mundo à percepção constituem originalmente a noção de *intencionalidade.*

Assim, de um lado, nosso filósofo assinala um paradoxo e a dialética entre o *eu* e o *outro*, apontados por Hussearl no *Krisis...*, como ponto de apoio para a crítica do *cogito;* de outro, mostra que, na filosofia de Husserl, a reflexão como relação intencional supõe o mundo como horizonte das cogitações e como presença indubitável.

Rompendo a familiaridade com o mundo, admirando-o, a fenomenologia "retrocede para ver brotar as transcendências (...), distende os fios *intencionais* que nos ligam ao mundo para fazê-lo aparecer (...) [revelando-o] como estranho e paradoxal".[40]

É ampliando e aprofundando a noção de *redução eidética*, proposta por Hussserl, que Merleu-Ponty afirma que "buscar a essência do mundo não é buscar o que ele é em ideia, (...) é buscar o que ele é de fato para nós ,antes de qualquer tematização".[41] Essa busca, o filósofo a identifica com a *redução eidética,* considerando-a como o fazer aparecer o mundo tal como ele é, igualando a reflexão e a vida irrefletida.

Daí nosso autor dizer: "o mundo não é o que penso, mas o que vivo, estou aberto ao mundo, comunico-me indubitavelmente com ele, mas não o possuo, ele é inesgotável".[42]

---

[39] Id., ibid., p. 8-9.

[40] Id., ibid., p. 11. O grifo é nosso.

[41] Id., ibid., p. 13.

[42] Id., ibid., p. 14.

Na noção husserliana de *intencionalidade*, vista por Merleau-Ponty como a contribuição mais importante da fenomenologia, acha-se a crítica à noção de intencionalidade kantiana, bem como a complexificação do conceito tradicional.

A ideia de que toda consciência é consciência de algo não é nova, como vimos. Na filosofia moderna, Kant a repropusera. Husserl a complexifica, distinguindo entre *intencionalidade do ato*, dos juízos e posições voluntárias – posta em relevo por Kant na *Crítica da Razão Pura* e na *Refutação do Idealismo* –, e a *intencionalidade operante*, que leva em conta "a unidade natural e antepredicativa do mundo e de nossa vida, que aparece em nossos desejos ,em nossas apreciações, em nossa paisagem (...).[43]

A intencionalidade fenomenológica está vinculada à *compreensão*, que retoma a intenção total, o núcleo da significação implicado em todas as perspectivas sobre o objeto. E também está vinculada à *crítica*, que evidencia a existência como uma totalidade e põe à luz uma racionalidade que se ordena como surgimento de um sentido por meio do entrelaçamento de diferentes perspectivas.

O mundo assim encontrado é "inseparável da subjetividade e da intersubjetividade"[44], é a realização de uma verdade. Nele, o homem aparece "como um nó de relações", como o "prodígio de conexão das experiências". Desse modo, a fenomenologia se apresenta como "revelação do mundo" e a filosofia torna-se diálogo ou meditação infinita, que tem como "tarefa revelar o mistério do mundo e o mistério da razão".[45]

---

[43] id., ibid., p. 15.

[44] Id., ibid., p. 17.

[45] Id., ibid., p. 18.

É nesse horizonte de compreensão das relações consciência-mundo, aberto pela reformulação da noção de intencionalidade, iniciada por Husserl e ampliada por Merleau-Ponty, que se inscreve a reflexão desse último sobre a liberdade.

Três tópicos estruturam o capítulo da *Fenomenologia da Percepção* sobre a liberdade: a discussão de sua *possibilidade,* a sua *caracterização* e a descrição de *como* se realiza.

Estreitamente enraizado no seu corpo e no seu mundo, o sujeito se vê como um fluxo e um projeto, sem qualificações e não determinado externamente. Para que fosse determinado externamente, teria que ser uma coisa.[46]

Assim, a liberdade não pode ser limitada por determinações, pois o sujeito não pode ser livre em algumas ações e não em outras; não pode ser abolida quando não atua, nem determinada, pois nesses dois casos deixaria de existir.

Ora, a liberdade existe, mesmo em relação à corporeidade e à História ou em relação a outrem, pois o sujeito pode sempre escolher como se situar em relação a essa inscrição no corpo, no mundo, na História, na relação com o outro. A própria maneira de existir, mesmo quando estamos perante o inelutável, continua sempre sendo uma escolha livre.

A liberdade implica em *decisão,* no âmbito da deliberação e exame dos motivos, permitindo ao sujeito, pelo ato voluntário, até mesmo ir contra a própria decisão.

Em relação aos obstáculos à liberdade, Merleau-Ponty assinala que esses só existem para o sujeito que os determina como limites da própria liberdade.

Como se dá, então, a liberdade?

---

46 Id., ibid., p. 437.

Ela supõe continuidade no tempo, pois parte do sujeito; implica em projeto de vida e na existência de *ciclos de conduta* e *situações abertas*, um *campo* em que possa se exercer.

O corpo humano é a referência contínua e irrecusável que vincula a liberdade a *intenções* não escolhidas. É graças a ele que o sujeito tem consciência do mundo e da liberdade.

Assim a consciência de uma intencionalidade livre, para um "eu" que é um "sujeito cósmico", está conectada à consciência de ter um corpo. O corpo exprime a atitude em relação ao mundo; forma o solo de todo modo próprio, pessoal, de existir. E a liberdade aparece relacionada às sedimentações de uma atitude privilegiada: o modo de estar no mundo, o modo de existir que foi confirmado pelo sujeito.

Daí o filósofo dizer: "Nossa liberdade não destrói nossa situação mas se engrena nela: nossa situação, enquanto vivemos, é aberta, o que implica ao mesmo tempo que ela chame modos de resolução privilegiados e que seja por si mesma fraca para procurar algum".[47]

O homem está sempre em situação, assim como a sua liberdade. Essa consiste em dar sentido ao mundo e à História, em delinear a maneira própria de cada sujeito estar no mundo, realizando seu projeto existencial, valorizando a vida em vista de um fim.

É construída a partir da intersubjetividade, dado que "em torno de nossas iniciativas, e deste projeto rigorosamente individual que somos nós, [há] uma zona de existência generalizada e de projetos já feitos, significações que vagueiam entre nós e as coisas e nos qualificam como homem, como burguês ou como operário".[48]

---

[47] Id., ibid., p. 445.

[48] Id., ibid., p. 452.

Como se apresenta, então, a liberdade? Como abertura a um mundo já constituído que solicita o sujeito, mas também o instaura numa infinidade de possíveis, dado que não está plenamente constituído. É, pois, desse modo que a liberdade se vincula à intencionalidade: nela se realiza o encontro entre o exterior e o interior e se apresentam as possibilidades próximas e remotas do existir, num campo que o filósofo chama de *campo da liberdade condicionada.*

Daí ele afirmar: "(...) é vivendo meu tempo que posso compreender os outros tempos, é mergulhando no presente e no mundo, assumindo resolutamente o que sou por acaso, querendo o que quero, fazendo o que faço, *que posso ir* além (...). A escolha e a ação nos liberam de nossas âncoras".[49]

Compreensão, crítica e engajamento se articulam de modo a expressar, na vida individual e coletiva, a intencionalidade da consciência e da liberdade.

O mundo que se apresenta à consciência, solicitando-a, mostra-se como um campo de possibilidades, sempre aberto, onde o sujeito exerce sua ação, se engaja e reconhece, dialogando com outros homens, uma totalidade significativa.

Embora partindo das noções de intencionalidade e de *Lebenswelt* husserliano, Merleau-Ponty aprofunda essas noções e as vincula à meditação sobre a corporeidade e a liberdade. Constitui, assim, um pensamento original que trata de refletir sobre o *impensado em Husserl* [50], mas reconhecendo amplamente sua dívida com o mestre.[51]

[49] Id., ibid., p. 458. O grifo é nosso

[50] Id., "Le philosophe et son ombre". In: *E. Husserl (1859-1959). Phaenomenologica* 4. La Haye: Nijhoff, 1959, p. 186.

[51] Id., ibid., *passim;* id., *Fenomenologia da Percepção*, Prefácio, *passim*: Terceira Parte, III (A liberdade), p. 437.

É no horizonte da ampliação e do aprofundamento da reflexão husserliana que De Waelhens sinaliza a complexificação da noção de intencionalidade, ulterior a Husserl, na escola fenomenológica, focalizando reiteradamente os escritos de Merleau-Ponty.[52]

Mostrando que Husserl talvez não tenha nem percebido nem desenvolvido todas as implicações do conceito de intencionalidade, De Waelhens trata de caracterizar, primeiro, o conceito tal como aparece inicialmente nas *Investigações Lógicas*. Mostra que, nesse primeiro momento, Husserl entende a intencionalidade como "um modo de o pensamento *conter idealmente algo diverso dele*" e faz decorrer daí que "a consciência tende, por natureza, a constituir um objeto", sendo "*essencialmente o ato de dar um sentido*".[53]

Dessa maneira, o projeto husserliano de buscar a essência da *consciência,* entendida como *intencionalidade*, resulta, diz De Wawlhens, no reconhecimento de que a presença de si a si mesmo é inseparável da presença às coisas.[54]

É nesse momento que De Waelhens recorre explicitamente ao prefácio da *Fenomenologia da Percepção*, para mostrar que "a consciência de si implica um laço com o mundo, como conexão de fenômenos", como já assinalara Kant, mas que, diversamente desse, a noção de intencionalidade entende a unidade do mundo como *vivida* e *já presente*, em vez de *ser posta* pelo sujeito cognoscente.[55]

---

[52] DE WAELHENS, a. "L´ideé phénoménologique d´intentionnalité". In: *Husserl et la Pensée Moderne. Phaenomenologica* 2. La Haye: M. Nijhoff, 1959, p. 115-129.

[53] Id., ibid., p. 116-117.

[54] Id., ibid., p. 118.

[55] Id., ibid., p. 118.

A noção de intencionalidade aparece, assim, como uma tentativa de superação do *realismo* e do *idealismo* clássicos, como já assinalamos supra, e como De Waelhens também põe em relevo.[56]

A originalidade de Merleau-Ponty consiste, na opinião do estudioso, em conceber a intencionalidade identificando a consciência com a abertura ao mundo, com o projeto de um mundo, "em direção ao qual ela não cessa de se dirigir".[57]

A complexificação da noção de *consciência* na direção de noções como *existência, comportamento, realidade encarnada, Dasein* conduz à complexificação da noção de *intencionalidade* em direção à de *cuidado,* mostrando, assim, "sua progressiva libertação da herança racionalista"[58], bem como o laço entre Merleau-Ponty e Heidegger.

De Waelhens aponta a dívida de Merleau-Ponty com Husserl, na distinção que citamos supra entre *intencionalidade em ato* e *intencionalidade operante*[59] e que funciona como raiz da noção de pré-reflexivo em Merleau-Ponty: a intencionalidade operante exibe a "unidade natural e antepredicativa entre o mundo e nossa vida [e] aparece em nossos desejos, nossas avaliações, nossas paisagens, mais claramente que no conhecimento objetivo (...).[60]

A noção de intencionalidade conduz Merleau-Ponty, na opinião de De Waelhens, com a qual convergimos[61], a conceber

---

[56] Id., ibid., p. 121.

[57] MERLEAU-PONTY, M. *Fenomenologia da Percepção*, p. 22-23. In: DE WAELHENS, A. op. cit., p. 121.

[58] DE WAELHENS, op. cit., p. 122.

[59] Cf. p. 5.

[60] MERLEAU-PONTY, M. op. cit., p. 123.

[61] Cf. p. 2-3.

a consciência como radicalmente *encarnada*, superando os impasses da fenomenologia e seus aparentes paradoxos[62], que mencionamos supra.

A intencionalidade designa, assim, a capacidade do homem de ligar numa totalidade de significação "o conjunto daquilo a que está presente".[63]

Não se trata de impor uma significação ao mundo, mas de constituir um sentido, de inventar um sentido, de habitar o mundo por meio do estabelecimento de um laço vivo com outras consciências, que testemunham esse mesmo mundo.

Para Merleau-Ponty "as intenções originais (...) se ancoram na coexistência primeira com as coisas e com os outros".[64] Essa releitura, feita por Merleau-Ponty do retorno às coisas mesmas, às intenções primeiras, proposta por Husserl, é, na opinião de De Waelhens, um aprofundamento das intuições husserlianas, e se caracteriza por uma "atitude de fidelidade criadora" de Merleau-Ponty em relação a Husserl, como esse mesmo já recomendara a seus discípulos.[65]

Essa "fidelidade criadora" está presente também em Heidegger, como De Waelhens assinalou.[66]

Para Françoise Dastur, Merleau-Ponty situa-se "entre Husserl e Heidegger" quando identifica "subjetividade e existência, intencionalidade e transcendência".[67]

---

[62] Ver DE WAELHENS, op. cit., p. 124. Cf. Grifo nosso.

[63] Id., ibid.

[64] Id., ibid., p. 128.

[65] Id., ibid., p. 129.

[66] D., ibid., *passim*.

[67] DASTUR, F. *La phénoménologie en questions*. Paris: Vrin, 2004. p. 156-157.

A noção de intencionalidade que Merleau-Ponty propõe, retomando o conceito husserliano de intencionalidade operante, na verdade promove a destruição do sujeito clássico e o abandono da fenomenologia transcendental para enfatizar o mundo do silêncio.[68]

Em suma, levando às últimas consequências o conceito husserliano de intencionalidade operante, Merleau-Ponty vai além de Husserl, desvelando o laço entre intencionalidade e liberdade ao inscrevê-las numa situação aberta, na qual se desenvolve a ação e se constitui o sentido do homem e do mundo.

---

[68] Id., op. cit., p. 157. Ver também, da mesma autora, *Chair et Langage. Essais sur M. Ponty.* Le Versanne, Encre Marine, 2000, p. 69 e segs.

3. Crise e Liberdade em Ricoeur

1. As fontes em Husserl e Heidegger

Os escritos de Ricoeur, desde os anos de aprendizagem, referem-se continuamente a Husserl.[1] A introdução e a tradução feitas por ele em 1950 do *Ideias...*, vol.1, assim como as referências ao *Meditações Cartesianas* e aos textos da *Krisis,* mostram o pensador francês reportando-se a Husserl até 1980, como os textos reunidos no volume *Na Escola da Fenomenologia* põem em evidência. As problemáticas epistemológica e ética que marcam a obra de Husserl são estudadas minuciosamente, de modo a expor a crítica do *cogito* e as meditações sobre a História, que pontuaram a sua filosofia. Na reflexão de Ricoeur sobre a crise epistemológica e ética contemporânea se entrelaçam as contribuições de Husserl, mas também as de Merleau-Ponty. Estudando a obra do fundador da escola fenomenológica e reconhecendo sua importância[2], Ricoeur expõe sua originalidade, na crítica do *cogito* cartesiano, na reformulação da noção kantiana de eu

---

[1] RICOEUR, P. *À l'école de La phénoménologie*. Paris: Vrin, 1998, *passim*.

[2] Id., ibid., p. 7.

transcendental, na retomada da valorização humeana ao originário. Mas é sobretudo pela criação de um método, cujo fulcro encontra-se nas noções de *intencionalidade, intuição, percepção, mundo da vida*, que Husserl terá uma importância decisiva na filosofia contemporânea. Diz Ricoeur: "A intencionalidade significa apenas que a consciência está, primeiro, fora de si, e que o é de múltiplos modos, dos quais a objetividade da lógica é a modalidade de segundo grau e a percepção, a modalidade fundamental".[3] Afirma-se, assim, na obra de Husserl, o "primado da percepção", mostrando que "a primeira verdade do mundo não é a da física matemática, mas a da percepção (...)".[4] A ciência se funda na presença e existência do mundo vivido, como algo de derivado, segundo, em relação a uma experiência originária, que é a da percepção. Podemos ver claramente, no que Ricoeur destaca, também a fundamental influência de Husserl sobre Merleau-Ponty em sua célebre obra *A Fenomenologia da Percepção.* Ricoeur é tributário de Husserl e também de Merleau-Ponty, a cuja obra constantemente se reporta em diversos escritos e mesmo em sua autobiografia.

O real, para Husserl – assim como para Merleau-Ponty e Ricoeur –, é constituído pelo desdobramento no plano reflexivo, das perspectivas originalmente só vivenciadas na abordagem natural, irrefletida, das coisas e do mundo.[5]

Na última fase do pensamento de Husserl, Ricoeur discerne uma meditação ética e uma discussão sobre o sentido da História. É à luz da "consciência de uma crise coletiva da Humanidade

[3] Id., op. cit, p. 13-14.
[4] Id., ibid., p. 14.
[5] Id., ibid., p. 5.

(...), do homem europeu, de seu destino, de sua decadência possível, de seu renascimento necessário (...) [que] o fenomenólogo descobre para si uma tarefa surpreendente, de fundar uma nova época, como Sócrates e Descartes".[6] Mencionando os textos de Husserl, *A filosofia na crise da humanidade europeia* (1935), seguido em 1936 pelo ciclo de conferências: *A crise das ciências europeias e a fenomenologia transcendental*, o pensador francês mostra, nos textos, a denúncia husserliana da decadência do espírito.

Proposta inicialmente como uma superação do psicologismo, a filosofia de Husserl expõe a busca de um sentido unificador da História da Humanidade, entendida como o campo de desenvolvimento de consciências plurais. Husserl trata de elucidar a crise contemporânea; para ele, a Europa expressa, na vida da Humanidade, o marco de um novo patamar de compreensão, com o surgimento daquilo que conhecemos como razão filosófica.

Expondo as teses de Husserl, Ricoeur – que foi tradutor de Husserl, inclusive do texto da conferência *A crise da humanidade europeia* – mostra que a Europa é, nos textos do filósofo alemão, o nome metafórico da Humanidade filosófica. Nesses textos, a Europa é pensada "não como um lugar geográfico, mas um laço espiritual", uma criação espiritual que desvenda o ser do homem, sua universalidade.[7] A filosofia é, para o homem, uma ideia e uma tarefa, realizando-se historicamente: é o salto qualitativo da admiração, do espanto perante o real, da busca de razões, da ruptura com a opinião e a tradição. Essa ruptura, representada metaforicamente pelo nome Europa, faz mudar o sentido da civilização, em vista do surgimento de uma reflexão livre, totali-

6 Id., ibid., p. 21.

7 Id., op. cit., p. 31-32.

zante. A crise da Europa – entendida como crise da civilização, crise da razão – consiste na redução do projeto de saber livre e universal ao modelo de saber científico-matemático. Trata-se de um problema que afeta o conhecimento nas suas intenções, no seu projeto, e que é preciso superar mediante a redescoberta do sentido originário da razão, pela filosofia. A razão assim compreendida tem uma dimensão mais ampla do que a voltada para a crítica do conhecimento, exposta no *Ideias I.* Nos textos da *Krisis,* a razão se torna a própria essência da Humanidade, considerada na sua tarefa de compreender a si e ao mundo. Tarefa infinita, desenvolvida historicamente, fazendo-se por etapas e com acentuada conotação ética, de responsabilidade do homem por sua busca de racionalidade. Essa tarefa ética tem um caráter dramático, de combate contra o objetivismo e o naturalismo; está sempre ameaçada em virtude da precariedade da existência e do caráter inacabado de seu esforço de realização. Ademais, a incapacidade de traduzir o ideal no real reforça a dramaticidade da tarefa no estreitamento da existência. O combate a favor da razão aberta, que busca a vida humana feliz, vê "o homem como correlato de suas ideias infinitas".[8]

Há em Husserl, diz Ricoeur, um deslizar da epistemologia à ética, no exame da crise da razão. É uma nova compreensão da filosofia e da ciência – lugares onde a razão se revela – que assim é proposta. É por esse motivo que uma crise que afeta, como mostrou Husserl, a concepção da ciência, é também, diz Ricoeur, "uma crise da existência".[9] E, citando o texto de Husserl sobre *A filosofia como tomada de consciência da Humanidade,* o pensador

[8] Id., op. cit., p. 37-39.

[9] Id., ibid., p. 39.

francês põe em destaque a correlação entre a realização da razão – constitutiva da humanidade do homem – e a liberdade que atravessa sua vida ativa.[10] É examinando os textos da *Krisis* que Ricoeur elenca os traços principais da interpretação husserliana da crise da modernidade: o objetivismo, representado por Galileu; o transcendentalismo cartesiano, que, apesar de sua originalidade, não foi capaz de levar às últimas consequências as implicações do *cogito* e da dúvida. Como forma de superação tanto do objetivismo quanto do racionalismo, Husserl propôs a fenomenologia como método e como filosofia. Via a filosofia moderna, a partir do Renascimento, como um "único combate entre transcendentalismo e objetivismo (...) um único dilema: ou o objeto ou o cogito".[11] A crise apontada por Husserl consiste, diz Ricoeur, na crise "do significado das ciências para a vida"[12], na ruptura entre epistemologia e ética.

Para Husserl, a matematização da natureza resultou num abandono da referência ao meio ambiente vital, na recusa do papel da consciência na constituição do mundo. Descartes pôs em evidência o papel da consciência em relação a seus objetos, fazendo a crítica do dogmatismo naturalista; mas sua excessiva valorização da física e das matemáticas conduziram-no a uma ruptura entre a *res extensa* e a *res cogitans.* A crítica husserliana se radicalizou, mostra Ricoeur, por meio da discussão das insuficiências apontadas nas teses de Hume e Kant (em cujo exame não nos deteremos aqui). Para Husserl a crise tem duas saídas possíveis: ou a Humanidade se afundará na barbárie ou emergirá uma

---

[10] Id., ibid., p. 40.
[11] Id., ibid., p. 42.
[12] Id., ibid.

nova compreensão do homem e da História. A tarefa urgente da filosofia e a responsabilidade do filósofo, hoje, é buscar caminhos que possibilitem que a segunda alternativa prevaleça.

Na perspectiva de Ricoeur, Husserl sacrifica os aspectos éticos da filosofia em prol de uma compreensão filosófica da ciência, que prioriza sua dimensão epistemológica. Na verdade, na nossa opinião, Husserl faz epistemologia e ética quase concomitantemente, ou, ao menos, desemboca a epistemologia numa ética e numa filosofia da História. Para Ricoeur, a noção de História proposta por Husserl implica num paradoxo: "Ela [a História] se torna incompreensível se não é uma *única* História, unificada por um sentido; mas, por outro lado, perde sua historicidade se não for uma aventura *imprevisível* (...).".[13] Essa fragilidade da noção husserliana de História aparece, diz Ricoeur, quando o pensador alemão interpreta a História da filosofia por um esquema que permite, segundo ele, acessar o que chama de "verdadeiro problema", negligenciando todos os demais aspectos das filosofias, que não caibam no crivo dessa leitura unificadora[14] e transformando o paradoxo da História no "paradoxo da verdade": a leitura redutora e dogmática dos autores. Apesar dessas restrições, o filósofo francês reconhece o esforço de Husserl, na última fase de seu pensamento, para superar todos os paradoxos, mediante a formulação do conceito de *meio ambiente vital*, esfera última da vida e da experiência, assim como pela proposição de um *idealismo intencional*, "que constitui todo outro ser – mesmo a outra pessoa – no eu (....). Esta noção permite em última análise fundar o homem na História e a História na minha consciência

[13] Id., ibid., p. 51.

[14] Id., ibid.

(...)".[15] Propondo a noção de *Lebenswelt* e atribuindo-lhe uma função epistemológica e ontológica, Husserl introduziu uma concepção de cientificidade diversa da cientificidade objetiva. O retorno ao mundo da vida é, para esse filósofo, destaca Ricoeur, apenas uma etapa de um retorno ainda mais complexo à ciência e à razão, superador do objetivismo científico da modernidade.[16] Assim, para Ricoeur, a noção de *Lebenswelt* representaria, na obra de Husserl, a ruína da pretensão da consciência de ser a origem e a senhora do sentido, evidencia que "nos movemos em dois mundos: *o* mundo pré-dado (...) e *um* mundo de símbolos e de regras (...)", que nos oferece, sobre o mundo dado, um mundo já interpretado "quando começamos a pensar".[17]

É em sua autobiografia[18] que Ricoeur refere-se a Husserl e à ontologia hermenêutica como pontos de partida de sua análise da crise da subjetividade moderna e do conflito das hermenêuticas rivais. A primeira referência é ao tema da intencionalidade, que "rompe com a identificação cartesiana entre consciência e consciência de si"[19], possibilitando a crítica do racionalismo. Em seguida, na sua autobiografia, Ricoeur menciona o estudo da língua alemã e as leituras das obras de Husserl e Heidegger (*Ser e Tempo*)[20], nos anos que precederam e sucederam, imediatamente, à Segunda Guerra Mundial. É também no período ulterior à Segunda Guerra Mundial que a leitura da *Fenomenologia da Percepção* o conduziu a tentar – "prolongando e ampliando

[15] Id., ibid., p. 56.
[16] Id., ibid., p. 292-293.
[17] Id., ibid., p. 295.
[18] Id., *Réflexion faite*. Paris: Esprit, 1995.
[19] Id., ibid., p. 17.
[20] Id., ibid., p. 20.

a análise eidética segundo Husserl", como ele próprio afirma – formular uma contrapartida, no plano da ética, da filosofia prática, à obra citada de Merleau-Ponty.[21] O fascínio exercido pela originalidade dessa obra é atenuado, contudo, quando Ricoeur percebe que o "horizonte total da *Fenomenologia da Percepção* não era senão o cuidado e o *ser no mundo* heideggerianos".[22]

A nosso ver, Ricoeur é tributário da *Fenomenologia da Percepção* num grau maior do que ele próprio reconhece. Mais ainda: Merleau-Ponty, longe de ser mero comentador de Heidegger, é um de seus críticos, e está muito mais vinculado às teses de Husserl, como ele próprio o explicita no célebre texto *O filósofo e sua sombra.* O filósofo é Husserl; sua sombra, os seus herdeiros, os que vivem e pensam à luz das categorias da obra de um mestre.

A grande inspiração da obra de Husserl para a reflexão ricoeuriana – além da noção de *intencionalidade* e da metodologia por ele proposta – foi, pela ressonância que terá na obra ulterior do filósofo francês, a crítica da consciência imediata de si, imediatamente transparente a si, pela reflexão sobre si alcançada indiretamente por meio da meditação a respeito do mundo da cultura.[23] A síntese de suas meditações, que reúne escritos da década de 1960, acha-se no livro *O Conflito das Interpretações.*[24] Nessa obra, Ricoeur mostra "o enxerto do proble-

---

[21] Id., ibid., p. 22.
[22] Id., ibid., p. 23.
[23] Id., ibid., p. 34.
[24] Id., *Le conflit des interprétations,* Paris: Seuil, 1969.

ma hermenêutico no método fenomenológico".[25] É vinculando "interpretação e compreensão", "exegese dos textos" e "entendendo os signos" que nosso autor percebe a hermenêutica como "discurso significativo", "que 'interpreta' a realidade".[26] Ultrapassando a dimensão estritamente epistemológica da hermenêutica, proposta por Dilthey, o pensador francês assinala, para a hermenêutica, um campo mais vasto: o que faz dela não apenas um método, mas a expressão de uma ontologia, uma decifração do homem, da vida.

O enlace da hermenêutica com a fenomenologia mostra tanto o vínculo entre Heidegger e Husserl como a constituição, em Ricoeur, de um pensamento original, centrado na meditação sobre o enigma do homem e na decifração de um campo novo de investigação filosófica, constituído pela linguagem simbólica. É nesse horizonte que ele inscreverá a meditação sobre a crise do sujeito e lançará sua filosofia reflexiva, com fontes imediatas em Merleau-Ponty, Gadamer e Nabert.

Vejamos inicialmente a referência a Heidegger e à sua ontologia hermenêutica, "via curta" do exame do enxerto da hermenêutica na fenomenologia. Para Ricoeur, a substituição feita por Heidegger do problema epistemológico e metodológico da hermenêutica – em que condições podemos compreender? – pelo problema ontológico – que é o ser cuja essência consiste em compreender? – implica no percurso de uma "via longa", assinalada também por Gadamer.[27] Essa via longa é a que passa pela reflexão metodológica e desemboca numa ontologia. Tra-

---

[25] Id., ibid., p. 7.

[26] Id., ibid., p. 8.

[27] Cf. MARCONDES CESAR, C. (org.). *A Hermenêutica Francesa – Paul Ricoeur.* Porto Alegre: EDIPUCRS, *passim.*

ta-se, para Ricoeur, de considerar simultaneamente as reflexões de Husserl e de Heidegger, interrogando sobre o ser que existe compreendendo. Nosso autor examina, primeiro, a filosofia do último Husserl, o da *Krisis,* apontando a dupla contribuição de sua fenomenologia à hermenêutica: *a contribuição crítica*, representada em sua obra pela crítica ao objetivismo, na qual "contesta a pretensão da epistemologia das ciências naturais de fornecer às ciências humanas o único modelo metodológico válido", assim como pela crítica a Dilthey, o qual pretendia fornecer às ciências do espírito "um método tão objetivo quanto o das ciências da natureza"; e a *contribuição positiva,* a uma ontologia da compreensão, ao introduzir o tema do "mundo da vida", "camada da experiência anterior à relação sujeito-objeto (...)".[28] Partindo, como vimos, do último Husserl, Ricoeur aborda também a contribuição do primeiro Husserl, o qual, caracterizando o sujeito como polo intencional, cujo correlato não é o mundo concebido como "uma natureza, mas como campo de significações", tornou possível uma "primeira contestação do objetivismo".[29] Husserl teria radicalizado a crítica do objetivismo ao vincular o problema da compreensão e da verdade à questão da historicidade, entendida como categoria ontológica e não apenas epistemológica. O desdobramento dessa revolução, no plano da constituição de uma ontologia hermenêutica, foi levado a cabo por Heidegger quando afirmou, segundo Ricoeur, o compreender como "um aspecto do 'projeto' do Dasein e de sua 'abertura ao ser'. A questão da verdade não é mais [com Heidegger] a questão do método, mas a da mani-

[28] RICOEUR, P. *Le conflit des interpretations*, p. 12.
[29] Id., ibid.

festação do ser, para um ser cuja existência consiste na compreensão do ser".[30] A radical interrogação de Heidegger deixa em aberto, contudo, os seguintes problemas: o do método, o da validação das ciências humanas, o da superação dos conflitos entre as hermenêuticas rivais, conforme já percebera Gadamer, retomado por Ricoeur. Por essas razões, o pensador francês, reconhecendo embora a importância do salto qualitativo que a reflexão heideggeriana sobre o problema hermenêutico trouxe à fenomenologia, retoma a via que retorna da ontologia à epistemologia, propondo não uma 'via curta', que caracterizou a hermenêutica do filósofo da *Floresta Negra*, mas a que chama de 'via longa' da elucidação do conceito de interpretação, por meio da análise da linguagem simbólica, multívoca, utilizada por todas a disciplinas hermenêuticas. Tratará de mostrar que "a compreensão das expressões multivocas ou simbólicas é um momento da compreensão de *si* (...)", e que "o sujeito que se interpreta interpretando os signos não é mais o *cogito,* é um existente (...)".[31]

Portanto, a crítica ao *cogito* cartesiano, presença imediata a si e critério último de verdade, aparece na obra de Ricoeur. É pelo desvelamento da linguagem simbólica, estrutura de significação que sob o sentido literal decifra o sentido indireto e essencial, que o nosso filósofo trata de alcançar uma nova compreensão do homem, um novo critério de verdade, que não é apenas a destruição do *cogito*, mas seu enriquecimento, sua complexificação pelo recurso à hermenêutica. Inspirando-se em Jean Nabert, Ricouer diz: "(...) A reflexão é uma crítica (...) no sentido de que

[30] Id., ibid., p. 13.
[31] Id., ibid., p. 15.

o *cogito* só pode ser recuperado pelo desvio de uma decifração aplicada aos documentos de sua vida".[32]

É combinando as contribuições da fenomenologia da religião, do estruturalismo e da psicanálise que Ricoeur formula nas suas obras *A Simbólica do Mal*[33], *O Conflito das Interpretações* e *O Si-Mesmo Como Um Outro*[34] tanto a crítica do *cogito* quanto o valor do mito, do sonho, da poesia – que utilizam a linguagem simbólica – como vias de acesso a uma compreensão mais profunda de si. O que é posto em questão, em todas essas obras, é o imediatismo da certeza do *cogito*, que, para nosso autor, se revela como "verdade vã", "falsa consciência" que é preciso desmascarar para aceder à verdade sobre si.[35] A crítica do *cogito*, assim desencadeada, evidencia a crise da concepção moderna de sujeito bem como a necessidade de repensá-la à luz da convergência, no mesmo objeto de estudos, de abordagens e leituras antagônicas.

O tema da crise é abordado na obra em que nosso filósofo afirma pretender fazer a contrapartida, no plano prático, daquilo que Merleau-Ponty fizera na *Fenomenologia da Percepção*.[36] Esse projeto é desenvolvido em três volumes, que receberam o título geral de *Filosofia da Vontade*. O segundo volume é constituído pelo *A Simbólica do Mal*. Na sua autobiografia, Ricoeur reconhece dever muito também a Mircea Eliade, em cuja história comparada das religiões o símbolo aparece "como a estrutura fundamental da linguagem religiosa".[37]

---

[32] Id., ibid., p. 32.

[33] Id., *La symbolique du mal*. Paris: Aubier-Montaigne, 1950.

[34] Id., *Soi-même comme um autre*. Paris: Seuil, 1990.

[35] Id., *Le conflit des interprétations*, p. 21-22.

[36] Id., *Réflexion faite*. Paris: Esprit, p. 23.

[37] Id., ibid., p. 31.

O importante, na *Simbólica do Mal*, é "o estatuto geral da compreensão de si que [o texto] põe em questão. Aceitando a mediação dos símbolos e dos mitos, a compreensão de si incorporava à reflexão um pedaço da história da cultura".[38]

2. As fontes em Marx, Nietzsche e Freud

O que entra em crise, no contexto histórico vivido por Ricoeur, são as filosofias modernas do sujeito, sob o impacto do estruturalismo, sobretudo o de Lévi-Strauss, de Althusser, da obra de Saussure, assim como da psicanálise que, por intermédio de Lacan, ressurgia na França. É a partir desse contexto que nosso autor reformula a noção de sujeito pensante, agente, pondo em relevo a crítica da consciência imediata e o conduzindo à redescoberta do si pela mediação do mundo da cultura: símbolos, mitos, sonhos, poesia.

A obra *Da Interpretação* é um dos marcos de sua meditação, que resultou numa interpretação filosófica de Freud, guiada pela *Fenomenologia do Espírito,* e o levou à aguda consciência do conflito das interpretações como um problema filosófico central em nossa época.[39] A partir dessas fontes, dois pontos importantes para a análise da crise do sujeito na filosofia moderna aparecem: o surgimento de uma hermenêutica da suspeita, representada pelas contribuições de Marx, Nietzsche e Freud; e o tema do *cogito* ferido, sintetizado por Ricoeur no prefácio do *O Si-Mesmo Como Um Outro.*[40]

[38] Id., ibid., p. 32.
[39] Id., ibid., p. 34 e segs.
[40] Id., *Soi-même comme um autre*. Paris: Esprit, 1995, p. 22 e segs.

O exame da contribuição de Freud para a crítica da subjetividade moderna, presente no *Conflito das Interpretações,* foi precedido pelo *Da Interpretação*[41], ensaio sobre a obra do psicanalista, aí discernindo o problema da verdade a respeito de si como crítica da consciência imediata e suspeita acerca das certezas dessa consciência e o problema do conflito das interpretações, que a leitura comparada das diferentes imagens do homem que as abordagens da fenomenologia, do estruturalismo, do existencialismo, da fenomenologia, da filosofia da religião, da linguística faz surgir. Postulando o inconsciente e afirmando, a partir da análise dos sonhos, um acesso indireto a uma compreensão maior da vida psicológica, as teses de Freud teriam provocado uma crise da concepção moderna de sujeito e posto em evidência o valor da linguagem onírica como via para essa compreensão ampliada de si.[42]

Um outro aspecto da crise da noção moderna do sujeito, focalizando também o problema epistemológico da evidência e da verdade, está presente numa das obras mais importantes da última fase do pensamento de Ricoeur: *O Si-Mesmo Como Um Outro*[43], na qual nosso autor analisa a contribuição de Nietzsche à suspeita acerca do valor de verdade do *cogito*. Ricoeur fala de um "*cogito* ferido"[44], para se referir à tradição que critica o

---

[41] Id., *De l'interprétation.* Paris: Seuil, 1965.

[42] Id., ibid., *passim;* id., *Écrits et conferences I. Autour de la psychanalyse*. Paris: Seuil,2008; id. *Le conflit des interpretations.* Paris: Seuil,1969, p. 101 e segs.; id. *Réflexion faite,* p. 35 e segs.Ver também: MARCONDES CESAR, C.A crítica do cogito em Paul Ricoeur. In: MARCONDES CESAR, C. (org.). *Paul Ricoeur – Ensaios.* São Paulo: Paulus, 1998, p. 53-66; GAGNEBIN, J-M. *Uma Filosofia do Cogito Ferido – Paul Ricoeur, estudos avançados.* São Paulo: USP, n. 30, 1987, p. 261-272.

[43] RICOEUR, P. *Soi-même comme um autre*. Paris: Seuil, 1990, p. 22 e segs.

[44] Id., ibid., p. 22. Adotamos aqui a tradução de Jeanne-Marie Gagnebin da expressão de Ricoeur "le cogito brisé", que literalmente significaria "o cogito quebrado".

racionalismo cartesiano, fazendo de Nietzsche o oponente privilegiado de Descartes. Nietzsche é, dentre os chamados "mestres da suspeita" (Marx, Nietzsche e Freud), o autor ao qual Ricoeur dedica menor atenção, enfatizando em seus trabalhos o estudo de Marx e Freud.

A breve abordagem da contribuição de Nietzsche[45] é, contudo, significativa para a crítica do *cogito*. É a partir dessa crítica, veiculada sobretudo nas obras *Curso de Retórica* e *Verdade e Mentira no Sentido Extramoral*, que é assinalado o paradoxo presente em toda linguagem: seu "caráter figurativo e mentiroso"[46], e também posto em relevo que o *cogito* cartesiano não pode constituir uma exceção à dúvida e, em consequência, que o "gênio mau" não pode ser derrotado. Trata-se, para Ricoeur, de mostrar que "o anti*cogito* de Nietzsche não [é] o inverso do *cogito* cartesiano, mas a destruição da própria questão à qual o cogito pretendia trazer uma resposta absoluta".[47]O que é posto em questão, por Nietzsche, é a certeza imediata do *cogito*; o que Nietzsche faz é mostrar que o "*cogito* também é duvidoso"[48], que o sujeito pode ser multiplicidade e não unidade, que o mundo interior é pura fenomenalidade.

Os três – Marx, Nietzsche e Freud – têm em comum o exercício da suspeita em relação às certezas da consciência imediata de si. Descartes escapa da dúvida pela afirmação de si, fazendo a crítica da ilusão a propósito das coisas; Marx, Nietzsche e Freud põem em questão a certeza da consciência de si, escapando da dúvida "por uma exegese do sentido" que não é buscar a

---

[45] Id., ibid., p. 22 e segs.
[46] Id., ibid., p. 23.
[47] Id., ibid., p. 25.
[48] Id., ibid., p. 27.

consciência do sentido, mas "*decifrar* suas expressões". Os três propõem uma crítica das ilusões da consciência, mediante "uma *ciência* mediata do sentido, irredutível à *consciência* imediata do sentido". [49] O objetivo dos três é uma ampliação da consciência, que possibilite: na perspectiva de Marx, uma tomada de consciência em resposta "às mistificações da consciência falsa" e a liberação "da *práxis* pelo conhecimento da necessidade"; na obra de Nietzsche, a ampliação do poder do homem, decifrando o além do homem, o eterno retorno, a figura de Dionísio; no enfoque de Freud, a ampliação do campo da consciência do analisado, que lhe possibilite uma vida mais livre e mais feliz.[50]

As perspectivas abertas pelos "mestres da suspeita" implicam na crise da noção moderna de consciência, evidenciando que as certezas da consciência imediata não constituem um verdadeiro saber a respeito de si; sob esse aspecto, esses autores representam uma crítica ainda mais radical que a da fenomenologia husserliana a respeito da consciência refletida. [51] A segunda implicação é a compreensão da consciência não como dado imediato, origem, mas como tarefa sempre inacabada.[52] Abre-se, desse modo, um novo horizonte de compreensão do homem, "um novo reino da verdade (...) pela invenção de uma arte de *interpretar*".[53]

Levando às últimas consequências a crítica husserliana, superando-a pela integração de novos aportes que o pensador alemão não levou em conta, mas obedecendo ainda ao modelo original de Husserl, que vincula epistemologia e ética ao fazer a

[49] Id., ibid.
[50] Id., ibid., p. 150-151.
[51] Id., ibid., p. 104.
[52] Id., ibid., p. 109.
[53] Id., ibid., p. 149.

crítica da modernidade, Ricoeur se inscreve na grande tradição à qual Merleau-Ponty também pertence e ao modelo a que esse também se ateve. Em ambos, Merleau-Ponty e Ricoeur, a crítica epistemológica desemboca numa antropologia filosófica e numa ética cujo fulcro é a meditação sobre a liberdade, entendida como apreensão de um campo aberto de possibilidades, poder de agir. Possibilidade e poder, tais são as características do homem livre.

Vamos nos deter, no que segue, no exame da contribuição de Marx, tal como Ricoeur a vê, pelas implicações que a perspectiva crítica da obra marxiana desencadeou na reflexão do filósofo francês. A crítica marxiana sugeriu a Ricoeur sua meditação sobre as relações entre ética, liberdade e crítica das ideologias, levando-o à consideração da dimensão social da liberdade.

3. Ética, liberdade e crítica das ideologias

Na obra de Paul Ricoeur, a meditação sobre o problema das ideologias tem como ponto de partida as noções de *crise* e *conflito*. É sob essas categorias que o autor analisa, em diversos estudos, reunidos no *À l'école de la phénoménologie*[54] a importância do tema na filosofia de Husserl, lançando as bases daquela que será sua obra-chave, *Le conflit des interprétations.*[55] A reflexão contemporânea se apresenta, nesse escrito, como um embate entre interpretações rivais do mundo e do homem, buscando, cada qual, a hegemonia pela superação das demais.

---

[54] Paris: Vrin, 1986, Os textos sobre Husserl, especialmente importantes para o assunto, foram publicados entre 1949 e 1981.

[55] RICOEUR, P. Paris: Seuil, 1969. Diz o filósofo: "Mas esta figura coerente do ser que somos, na qual vêm se implantar as interpretações rivais, só é dada nesta dialética das interpretações", p. 27.

O conflito só pode ser ultrapassado, na perspectiva de Ricoeur, pela elaboração de um método hermenêutico que assinale limite, alcance e valor das diferentes interpretações, buscando integrá-las numa totalidade que indique as possibilidades e riqueza do foco interpretativo proposto em cada uma. O caráter não excludente, mas dialógico e integrativo, da reflexão ricoeuriana tem como justificativa a referência de todas as interpretações ao mesmo objeto: o homem. É por se referirem sempre ao mesmo objeto que é possível pensar, a partir da unidade do ser ao qual se reportam todas as interpretações, uma perspectiva que supere os conflitos.[56]

Diz Philibert: "(...) o conflito dessas hermenêuticas rivais obriga (...) a filosofia reflexiva a se encarregar do problema hermenêutico, a se conceber como hermenêutica, isto é, a visar a restauração da existência como busca e afirmação do ser por meio da reflexão (...)"[57].

É, pois, do lado da epistemologia que surge, primeiro, a questão da crise, exposta como crise do sujeito, crítica do *cogito*, inspirada nos "mestres da suspeita": Marx, Nietzsche, Freud. Esses autores, pondo em relevo de diferentes modos a discussão sobre a compreensão moderna de homem, inauguram a contemporaneidade. Vamos nos ater ao estudo da contribuição de Marx na ótica de Ricoeur, tendo em vista a consideração da questão da ideologia.

Para Ricoeur, Marx teria mostrado, à luz de uma definição negativa de *ideologia,*o caráter inelutável do componente ideológico em toda interpretação da vida humana. A tarefa a que Marx

---

[56] Cf. n. 2.

[57] PHILIBERT, M. *Ricoeur.* Paris: Seghers, 1971, p. 137.

se propôs foi a de fazer a crítica das ilusões do sujeito, conectando as noções "(...) de *práxis*, proletariado, necessidade, alienação, divisão do trabalho, materialismo histórico, forças produtivas, modos de produção e classes sociais (...)".[58] Associou, desse modo, a noção de *ideologia* à sua função de distorção do real pelas classes dominantes, visando a manutenção da dominação.

Partindo da reflexão sobre o conceito proposto por Marx, Ricoeur trata de assinalar os limites da compreensão meramente negativa do termo. Aponta, assim, as armadilhas da definição marxista[59], e o risco da aceitação acrítica das teses do pensador alemão. A pretensão de Ricoeur não é a de seguir nem a de combater Marx, mas a de propor, na linha de reflexão instaurada por Merleau-Ponty, um "pensamento a-marxista".[60]

Outra armadilha consiste na identificação do termo *ideologia* com o esforço de justificação dos interesses da classe dominante, o que conduz à compreensão do termo como designativo de "um fenômeno essencialmente negativo, primo do erro e da mentira, irmão da ilusão (...)", "representação falsa".[61] Ora, adotar essa perspectiva é enfatizar apenas a função de distorção que a ideologia pode, de fato, comportar, mas abandonando o seu caráter de integração social, de reforço da vida social.

---

[58] AMARAL, Roberto A. P. do. *Paul Ricoeur e as Faces da Ideologia.* Goiânia: UFG, p. 113.

[59] Roberto Amaral indica, em seu livro citado supra, três armadilhas visualizadas por Ricoeur no conceito marxista de *ideologia*: a discussão do conceito apenas em termos de classes sociais; a identificação da *ideologia* com a função de justificação dos interesses da classe dominante; o caráter dogmático da recusa do pensamento do adversário (p. 116-117).

[60] RICOEUR, P. Ciência e Ideologia. In: id., *Interpretação e Ideologias.* Rio de Janeiro: Francisco Alves, 1977, p. 64.

[61] Id., ibid., p. 65.

A terceira armadilha reside na identificação entre crítica das ideologias e ciência, que supõe a possibilidade de existir um lugar não ideológico que possibilita a crítica, escapando à condição de conhecimento engajado. Essa pretensão de um lugar a-histórico a partir do qual se possa criticar o adversário de modo absoluto, esbarra na consciência contemporânea que reconhece "a condição propriamente histórica da compreensão" e reafirma "o pluralismo dos métodos e dos graus de rigor e de verdade", já reconhecidos por Aristóteles.[62]

A função da ideologia não é apenas a de deformação da realidade, mas é também a de justificação e mobilização de uma comunidade; de motivação dos projetos do grupo, mediante uma imagem idealizada de sua própria existência, exposta por meio de máximas, que garantam a coesão social. Essa função torna impossível a reflexão total, o acesso a uma instância absoluta, a-temporal e a-histórica. Daí o caráter de dissimulação e de dominação, que a "vincula aos aspectos hierárquicos da organização social"[63], à interpretação e justificação do "sistema de autoridade".[64] Mas toda sociedade está fundada na legitimação da autoridade que a representa e não há – esse é o paradoxo da existência de qualquer grupo – "legitimação inteiramente transparente"[65], a-ideológica.

É mostrando o caráter constitutivo da vida social pela ideologia, e não apenas a sua função de dominação, que Ricoeur afirma que não há "atividade real pré-ideológica ou não ideológica"[66] e se interroga sobre "o estatuto epistemológico do discurso

[62] Id., ibid., p. 66.
[63] Id., ibid., p. 71.
[64] Id., ibid.
[65] Id., ibid., p. 72.
[66] Id., ibid., p. 74.

sobre a ideologia".[67] Estuda, a partir daí, a correlação entre ciências sociais e ideologia e a dialética ciência-ideologia. Assinala a pretensão na filosofia contemporânea de se falar sobre a ideologia de um lugar não ideológico (a ciência), assim como a redução da noção de ideologia ao seu aspecto de mistificação, de consciência falsa e o abandono da consideração do seu papel de mediação e de integração social. A fraqueza dessa posição, que nosso filósofo chama de "armadilha epistemológica", reside no não reconhecimento do caráter também ideológico, assim como dos limites, da pretensão da ciência social contemporânea de ser o lugar a-ideológico por excelência, de onde se pode criticar as ideologias.

De Marx, Ricoeur retém a ideia "de que a transparência não se encontra atrás de nós, na origem, mas diante de nós, no término de um processo histórico talvez interminável"[68]. É recorrendo a Jean Ladrière[69] que nosso autor mostra a razão fundamental de a teoria social não escapar por completo à ideologia: ela "nem pode efetuar a reflexão total nem tampouco aceder ao ponto de vista capaz de exprimir a totalidade que a subtrairia à mediação ideológica, a que estão submetidos os outros membros do grupo social".[70]

Assim, a partir da oposição ciência-ideologia, nosso filósofo trata de reconhecer sua tensão, bem como de recusar sua confusão. É recorrendo à célebre obra de Manheim, *Ideologia e Utopia,* de 1929, que Ricoeur assinala o caráter recorrente da acusação de ideologia.

---

[67] Id., ibid., p. 75.

[68] Id., ibid., p. 84.

[69] LADRIÈRE, J. *L'articulation du sens*. Paris: Aubier-Montaigne, 1970, p. 40-50.

[70] RICOEUR, P. op. cit., p. 86.

A correlação ideologia-utopia – uma com a função de justificação, outra com a função de crítica e transformação – apoia-se, para nosso autor, no fato de ambas se situarem na não congruência com a realidade. E Ricoeur conclui que não há um lugar não ideológico que permita falar de ideologia: "a tarefa de uma síntese total é impossível".[71]

A solução para esse impasse, o filósofo vai buscá-la no caráter hermenêutico de toda compreensão de caráter histórico, afirmando quatro pressupostos que poderiam conferir um sentido ao par ciência-ideologia. Esses pressupostos são os seguintes: todo saber sobre nossa classe, tradição e História "é precedido por uma relação de *pertença* que jamais podemos refletir inteiramente", ou seja, "a condição ontológica de pré-compreensão exclui a reflexão total"[72], a possibilidade de um saber não ideológico. Podemos ver aqui ressoar a noção gadameriana de *pertença,* assumida de modo inteiramente novo por Ricoeur (voltaremos a esse ponto adiante). O segundo pressuposto é que a relação de pertença não exclui certa liberdade, graças à função de distanciamento que a dimensão histórica do homem propicia. Pertencemos a uma tradição que constitui uma pré-compreensão na qual nos achamos mergulhados; mas o fato de termos um distanciamento histórico-temporal dessa tradição, bem como um distanciamento crítico em relação ao que é dito pela tradição, possibilita-nos a crítica das ideologias, "na hermenêutica".[73] O terceiro pressuposto, inspirado na concepção habermasiana da crítica das ideologias – a qual afirma que toda

[71] Id., ibid., p. 91.
[72] Id., ibid., p. 92.
[73] Id., ibid., p. 93.

crítica está fundada "no interesse pela emancipação, vale dizer, pela comunicação sem limites e sem entraves"[74] – é que a crítica das ideologias nunca rompe completamente os vínculos com a situação de pertença, nunca se torna um saber total. Vemos aqui, já, a tentativa ricoeuriana de conciliação entre as contribuições de Gadamer e de Habermas, visando a constituição de uma nova hermenêutica crítica. O último pressuposto dessa hermenêutica é o de que há um *bom uso* da crítica das ideologias, mediante a consideração ética que deve permear o esforço de distanciamento: a Humildade de renunciarmos à pretensão ao saber total e à consciência permanente da incompletude do trabalho que oscila entre o distanciamento e a pertença, sem hipervalorizar ou anular qualquer dos polos.

É partindo da polêmica Gadamer-Habermas, que contrapõe a hermenêutica entendida como ontologia (Gadamer) e a hermenêutica entendida como crítica (Habermas), que Ricoeur indaga: "em que condições uma filosofia hermenêutica pode dar conta da exigência legítima de uma crítica das ideologias?"; e ainda: "em que condições uma crítica das ideologias é possível?"[75]

O filósofo não pretende reduzir uma teoria à outra nem estabelecer sincretismos apressados, mas expor o diálogo possível entre as teorias rivais. Assinala, para tanto, quatro aspectos que opõem a crítica das ideologias (Habermas) à hermenêutica das tradições (Gadamer), visando encontrar caminhos para ultrapassar sua mera contraposição. Gadamer parte da noção de preconceito, *pré-compreensão* (inspirado em Heidegger); Habermas parte da noção de *interesse* (inspirado em Lukács e na Escola de

[74] Id., ibid., p. 94.
[75] Id., ibid., p. 101.

Frankfurt); Gadamer fala das *ciências do espírito,* de reinterpretação da *tradição*, no presente; Habermas trata das *ciências sociais críticas*, que abordam "as *reificações* institucionais"[76]; Gadamer mostra a *não compreensão* como obstáculo à compreensão; Habermas fala da *ideologia* como distorção e violência, anulação da comunicação desejável; Gadamer propõe uma ontologia hermenêutica, fazendo sua a afirmação hölderliniana: "nós, homens, somos um diálogo" (na esteira dos estudos de Heidegger sobre Hölderlin); Habermas propõe como ideal uma comunicação sem entraves (inspirando-se em Kant).

Na obra de Habermas aparece claramente, na opinião de Ricoeur, no exame da noção de interesse, a dimensão prática, "no sentido kantiano do termo".[77] A esfera do interesse prático é a da ação comunicativa, do inter-humano e da liberdade. É também a esfera da "história da tomada de consciência das reificações que afetam a comunicação"[78] é a esfera das ciências sociais críticas que libertam o homem, pela reflexão que propiciam, das coações advindas das instituições. Há, para Habermas, um elo essencial entre ideologia e violência, no âmbito do trabalho, no âmbito da comunicação. Estabelecendo analogias entre a tarefa da hermenêutica crítica e a tarefa da psicanálise, Habermas fala de meta-hermenêutica, cujo objetivo é propor uma "teoria da competência comunicativa que englobe a arte de compreender, as técnicas para vencer a não compreensão e a ciência explicativa das distorções".[79]

---

[76] Id., ibid., p. 119.
[77] Id., ibid., p. 122.
[78] Id., ibid., p. 123.
[79] Id., ibid., p. 128.

Embora cada uma das teorias fale de um ponto de vista diverso, a inscrição de uma na outra dá-se, na obra de Ricoeur, por meio de um duplo movimento: o da reflexão crítica sobre a hermenêutica e o de uma reflexão hermenêutica sobre a crítica.

O primeiro movimento supõe o reconhecimento da finitude e da historicidade de toda interpretação, e também do valor da crítica das ideologias, contra a falsificação da comunicação e a favor da liberdade política. A indagação que Ricoeur trata de responder é: como é possível a hermenêutica levar em conta a crítica das ideologias? Como é possível haver crítica em hermenêutica, se essa se volta para o exame da estrutura ontológica do compreender?

Em Heidegger, a ontologia hermenêutica se expressa como crítica da tradição metafísica do Ocidente; não há confronto com as ciências humanas, não há retomada do problema epistemológico. Em Gadamer, no *Verdade e Método,* a posição é análoga, diz Ricoeur. Para ser capaz de levar em conta a dimensão crítica – para que Gadamer fosse capaz de ouvir Habermas – seria preciso, e é isso que Ricoeur propõe, que a questão hermenêutica seja também capaz de focalizar "a dialética entre a experiência de pertença e o distanciamento alienante (...)"[80] como sua própria questão essencial.

Isso seria possível se o distanciamento pudesse pôr em evidência a autonomia do texto em relação ao autor, à situação cultural e ao destinatário original. O distanciamento suporia, assim, um descontextualizar a obra para poder recontextualizá-la de outro modo.

---

[80] Id., ibid., p. 137.

A segunda possibilidade de a hermenêutica assumir a dimensão da crítica é mostrando a complementaridade – e não a oposição – entre o explicar e o compreender, de modo que a reconstrução seja "o caminho da compreensão"[81], de modo que verdade e método se apresentem como elementos de um processo dialético.

A hermenêutica dos textos se relaciona também com a crítica das ideologias à medida que a interrogação sobre um texto desvenda o mundo aberto por ele. Essa abertura torna o texto "um recurso contra toda realidade dada e, dessa forma, [possibilita] uma crítica do real".[82] Na literatura, na poesia, a linguagem rompe com a expressão habitual e instaura o mundo da obra, permitindo a crítica do real pelo distanciamento assim desencadeado e que redescreve o mundo numa outra perspectiva.

Finalmente, a hermenêutica dos textos, manifestando um mundo, leva o leitor a expor-se ao texto, do qual recebe um si mais amplo, possibilitando a crítica de suas ilusões.[83] Essa discussão, amplamente desdobrada em *Tempo e Narrativa*[84], especialmente no volume II, mostra que "a crítica das ideologias pode ser assumida num conceito de compreensão de si" [85], que possibilita o distanciamento em relação às certezas imediatas e a apropriação de um si mais complexo, a partir da exposição do sujeito às variações imaginativas do eu, propostas pela ficção e pela poesia.

---

[81] Id., ibid.

[82] Id., ibid., p. 138.

[83] Cf. MARCONDES CESAR, C. *Filosofia e Literatura; Ética e Narratividade* (digitalizados); O problema do tempo em Paul Ricoeur. In: id. *Paul Ricoeur – Ensaios*. São Paulo: Paulus, 1998, p. 27-38.

[84] RICOEUR, P. *Temps et récit*. Paris: Seuil, 1984, vol. 2, *passim*.

[85] Id., *Interpretação e Ideologias*, p. 139.

A reflexão hermenêutica sobre a crítica, segunda face da díade supracitada[86], põe "à prova a reivindicação de universalidade da crítica das ideologias".[87] Para Ricoeur, a hermenêutica da finitude assegura um denominador comum entre a ontologia hermenêutica e a hermenêutica crítica, por meio da "correlação entre o conceito de preconceito e o de ideologia".[88] A questão que se põe é a de saber se o interesse pela emancipação, característico da crítica das ideologias, é diferente do interesse que caracteriza as ciências hermenêuticas.[89] A resposta de Ricoeur é que a crítica das ideologias se inscreve na reinterpretação criadora da tradição, na qual o homem pode projetar sua liberdade. É a partir dessa complementaridade entre a apropriação criadora da tradição e a crítica do presente à luz de um dever-ser que o filósofo elenca os neoconflitos que compõem a crise da sociedade contemporânea. O primeiro consiste na *ausência de um projeto coletivo,* que desencadeia o sentimento de esgotamento do sentido do mundo e do homem; o surgimento de novos tipos de violência; as ilusões da dissidência e as tentações da ordem; a reafirmação das normas de modo não criativo e conservador. O segundo aspecto da crise da sociedade atual transparece no *mito do simples,* do retorno à primitividade, exposto no *Homem Unidimensional* e em *Eros e Civilização,* por Marcuse. Como a volta à sociedade arcaica "artesanal e agreste" não é possível, há uma violência surda entre a sociedade organizada[90] e a "alternativa". O terceiro aspecto da crise, mais grave, a nosso ver, é o esgotamento da democracia

---

86 Cf. p. 5 do presente texto.

87 RICOEUR, P. op. cit., p. 139-140.

88 Id., ibid., p. 141.

89 Id., ibid.

90 Id., ibid., p. 154.

representativa, exposta "na cegueira em relação aos estados de violência"[91], no "'furor da destruição' que se apodera da liberdade sem instituição".[92]

Associadas a essa crise, duas ideologias emergem na sociedade atual: a da *conciliação* a todo preço e a do *conflito* a todo preço. A *ideologia da conciliação* a todo preço, de paz e pregação do amor, nega "a fecundidade de todo e qualquer conflito".[93] No plano dos fatos e no dos princípios, diz Ricoeur, essa ideologia não se sustenta. No plano dos fatos, pode-se esperar que a competição e o conflito se aprofundem. Ademais, a decisão política é a esfera do poder e da luta, visando o poder. Daí o filósofo afirmar: "Os conflitos sociais e políticos são irredutíveis à solução de diálogo engendrada por nossa experiência interpessoal".[94] No plano dos princípios, "o amor tem a mesma extensão que a justiça"[95], e sua realização é a expressão institucional da justiça, capaz de assumir os conflitos. Em dois belos textos, *Amor e Justiça*[96] e *Justiça – Virtude e instituição*[97] , o caráter não imediato da expressão do amor, o esforço para a construção da liberdade, da estima de si e do outro, desdobram essa reflexão, que também aparece nos dois textos sobre *O justo.*[98] Por sua vez, a *ideologia do conflito* a todo preço inspira-se num "hegelianismo popular", que

[91] Id., ibid., p. 154.
[92] Id., ibid., p. 155.
[93] Id.,ibid., p. 158.
[94] Id., ibid., p. 161.
[95] Id., ibid., p. 162.
[96] Id., *Amour et justice*. Paris: Seuil, 2008.
[97] Id., Justice: vertu et institution. In: Barash, A. e Delbraccio, M. *La sagesse practique*. Amiens: CNDP /Académie d'Amiens, 1998, p. 11-28.
[98] Id., *Le juste*. Paris: Esprit, 1995, vol. 1; id., *Le juste*. Paris: Esprit, 2001, vol. 2.

pensa "a contradição ultrapassada, superada, na ação, na arte, na religião e na filosofia".[99] Aparentemente, na segunda metade do século passado, houve uma atenuação dos conflitos, mas não sua supressão. As ideologias do conflito se expressam por meio da "provocação, marginalização, teatralização, não comunicação".[100] É como estratégia para buscar solucionar os conflitos que nosso filósofo propõe a réplica à ideologia, nos planos empírico, teórico e prático. A *réplica empírica* consiste no esforço de discernir, sob as ideologias vigentes, os novos conflitos, os verdadeiros conflitos; a *réplica teórica*, na compreensão aprofundada da função e significado dos conflitos, conjugando liberdade e instituição, dado que o problema da liberdade é o problema subjacente às já citadas ilusões da dissidência e tentações da ordem. A questão da liberdade se mostra como o fulcro da tensão entre a afirmação da individualidade do sujeito e a exigência deste se inscrever no mundo inter-humano. Por sua vez, a *réplica prática* consiste em discernirmos entre limite e tolerância a comportamentos anômicos[101], bem como em reconhecer as condições do bom uso das ações de ruptura.

No escrito de 1986, *Do Texto à Ação*[102], o problema da crise e da cítica das ideologias é visto sob nova luz. Ricoeur aí admite que a crítica das ideologias pode ser assumida como tarefa por uma filosofia que tem como ponto de partida a compreensão do homem, mediante a crítica das ilusões do sujeito. Desse modo,

---

[99] Id., *Interpretação e ideologias*, p. 163.

[100] Id., ibid., p. 164-165.

[101] Cf., nosso texto O problema da tolerância em Paul Ricoeur. In: MARCONDES CESAR, C. (org.). *A Hermenêutica Francesa – Paul Ricoeur.* Porto Alegre: EDIPUCRS, 2002, p. 57-66.

[102] RICOEUR, P. *Du texte à l' action.* Paris: Seuil, 1986.

convergem a crítica epistemológica e ética da subjetividade moderna, originalmente inspirada por Husserl e Merleau-Ponty, e exposta em diversos escritos e que alcança em *Tempo e Narrativa* e em *O Si-Mesmo Como Um Outro*[103] uma importante formulação, por meio do conceito novo de *identidade narrativa*[104], e a crítica ético-política das ideologias e das ilusões coletivas, em vista de um mundo mais humano, mais livre e aberto ao diálogo e à pluralidade de concepções do homem das culturas, que encontra em *Interpretação e Ideologias, Ideologia e Utopia, Do Texto à Ação* e em *Percurso do Reconhecimento*[105] sua plena expressão. Para o filósofo, ética e política são campos diversos, mas complementares; suas relações devem ser pensadas em termos de intersecção.[106] Com Husserl, Ricoeur funda o Estado na relação intersubjetiva. Para ele, a razão prática tem uma função crítica que consiste em reconhecer o desnível entre a ideia de uma constituição política e a realidade empírica do Estado[107]; e em desmascarar os mecanismos que distorcem a objetivação do laço comunitário, mediante a crítica das ideologias.

No plano social, a racionalidade se expressa como acordo do indivíduo consigo mesmo e também como prática coletiva, que

---

[103] Id., *Soi-Même comme um autre*. Paris: Seuil, 1990.

[104] MARCONDES CESAR, C. Personne, identité et altérité chez Paul Ricoeur. *Diotima*. Atenas: Sociedade Helênica de Estudos Filosóficos, n. 37, 2009, p.164-169; id., Pessoa, temporalidade e liberdade. *Phainomenon*. Lisboa: Universidade de Lisboa, n. 15, 2007, p.161-178; id., El mismo y el otro. *Ágora. Papeles de Filosofia*. Santiago de Compostela: Universidad de Santiago de Compostela, vol. 25, n. 2, 2006, p. 217-221.

[105] RICOEUR, P. *L' idéologie et l'utopie*. Paris: Seuil, 1997; id. *Parcours de la reconnaissance*. Paris: Stock, 2004.

[106] Id., *Du texte à l' action*, p. 393.

[107] Id., ibid., p. 257.

assegura a liberdade entendida como cidadania, inscrita numa comunidade política. Para Ricoeur, é o Estado de Direito que garante a liberdade e a igualdade, a *equidade* no plano político, mediante a educação para a liberdade pelo debate. O Estado de Direito é o esforço para a criação de um espaço de liberdade e de não violência, onde os conflitos possam ser expressos e negociados. Os conflitos são inelutáveis e a tarefa de um Estado democrático não é os eliminar, mas favorecer a livre discussão, com a participação de um número crescente de cidadãos, de modo a permitir a formação de uma opinião pública reta.

Assinalando a crítica das ideologias como tarefa urgente da filosofia contemporânea, propondo a utopia do Estado de Direito mundial como solução para os conflitos atuais, Ricoeur faz a hermenêutica da crise de nossa época e decifra as condições da liberdade.

4. Outros aspectos da meditação sobre a liberdade

A meditação sobre a liberdade, em Ricoeur, aparece intimamente relacionada com a reflexão que, partindo de Husserl, o conduz à indagação sobre o homem, sua finitude e sua possibilidade de transcendência. É no horizonte do diálogo que estabelece entre a fenomenologia husserliana e a hermenêutica dos símbolos, dos textos e da ação que é preciso compreender sua filosofia.

A primeira hermenêutica ricoeuriana aborda a reflexão sobre o símbolo, a linguagem simbólica, fazendo pensar sobre o significado da condição humana. É no horizonte de uma reflexão sobre a linguagem que se inscreve a resposta de nosso autor à crítica contemporânea do cogito. Nessa direção, os estudos foram expostos no *A Metáfora Viva*[108] e no magistral *Tempo e Narrativa*[109], onde a metáfora aparece "como o esqueleto semântico do símbolo".[110] Meditação sobre a linguagem, meditação sobre o texto, meditação sobre o homem: redescrevendo a realidade, reinterpretando o tempo, no âmbito da História e no da ficção, Ricoeur é levado a uma reformulação da noção de sujeito e a propor uma nova noção de identidade, apoiada sobre o caráter narrativo do sujeito.[111] Estabelece, assim, relações entre a herança husserliana e a hermenêutica pós-heideggeriana representada por Gadamer em *Verdade e Método*[112]. Criticando Husserl, propõe a distinção entre o si e o eu, explorada inicialmente em *A Metáfora Viva*[113], e mostra que a função da linguagem é a redescrição, a refiguração do mundo, veiculando uma experiência, um modo de habitá-lo e de ser. Do exame dos símbolos, nosso autor passa ao dos textos, mostrando a amplificação da consciência que é possibilitada pelo encontro com os escritos: "Compreender-se para o leitor é se compreender diante do texto e receber dele as condições de surgimento de um si diverso do eu e que a leitura suscita".[114]

---

[108] Id., La métaphore vive. Paris: Seuil, 1975.

[109] Id., Temps et récit. Paris: Seuil, 3 vols., 1983-1985.

[110] Id., Réflexion faite, p. 47.

[111] MARCONDES CESAR, C. Personne, identité, altérité chez Paul Ricoeur. *Diotima*. Atenas: Sociedade Helênica de Estudos Filosóficos, n. 37, 2009, p. 164-169.

[112] RICOEUR, P. *Réflexion faite*, p. 55.

[113] Id., ibid., p. 57.

[114] Id., ibid., p. 60.

A hermenêutica dos símbolos e a hermenêutica do texto conduzem Ricoeur a uma nova compreensão do si, expressa por meio da noção de *identidade narrativa* formulada em *Tempo e Narrativa*. A obra em pauta responde, de um lado, à questão epistemológica da relação entre *explicar* e *compreender*, focalizando, no primeiro volume, a problemática da epistemologia da História, assim como o parentesco entre narrativa histórica e a de ficção. Narrar, do ponto de vista da ciência histórica, é redescrever, interpretar o acontecer; narrar, do ponto de vista da ficção, é redescrever, interpretar a condição humana na sua pluralidade essencial. Nos dois casos, o que emerge, para o sujeito, é a amplificação da consciência, pelo encontro com a alteridade, com outros modos de ser e de realizar a existência humana, expressos pela História e pela ficção. Assim, o segundo aspecto a que *Tempo e Narrativa* responde é o da complexificação da consciência de si pelo encontro com os textos. O contraponto entre o aspecto epistemológico e o aspecto ontológico da compreensão é posto em relevo, desse modo.

Vamos nos ater, no que segue, ao estudo da contribuição talvez mais original de nosso filósofo, exposta em *Tempo e Narrativa II*, sobre a complexificação da consciência: "(...) a refiguração [da realidade pela ficção] me parecia (...) constituir uma ativa reorganização de nosso *ser no mundo*, conduzida pelo leitor,convidado pelo texto, segundo a palavra de Proust que eu gosto tanto de citar, a tornar-se leitor de si mesmo".[115]

A meditação sobre a dimensão ética da existência, em Paul Ricoeur, tem como um dos temas-chave a reflexão sobre a *identidade narrativa*, exposta em *Temps et Récit* e retomada em *Du texte à l'action* e em *Soi-même comme un autre.*

---

[115] Id. ibid.

Vinculando estreitamente a meditação sobre o agir à da narrativa, em *Du texte à l'action,* Ricoeur ampliou a noção de narratividade, aplicando-a não apenas aos textos, mas também ao fazer humano. A importância dessa hermenêutica do agir, proposta pelo filósofo, fica evidente se a associamos à noção também já complexificada de identidade, apresentada em *Soi-même comme un autre.*

A nova perspectiva, aberta por *Du texte à l'action*, consiste na extensão da ideia de narrativa, antes aplicada aos textos de história e ficção, à compreensão da ação humana.

Em *Temps et Récit,* estabelecendo paralelismo e analogias entre a narrativa histórica e a narrativa de ficção, nosso filósofo assinala em ambas o significado do papel atribuído por Aristóteles ao *mythos:* o de tecer a intriga, o de articular, pela narração, os fatos ou o enredo dos textos de ficção, numa totalidade assim tornada inteligível. É em *Temps et Récit* ainda que Ricoeur formula o conceito de *identidade narrativa*, para designar o reconhecimento de si, a constituição de identidade por parte do sujeito a partir do seu dizer, da narração de si mesmo e de seu agir, do reconhecimento da responsabilidade por suas próprias ações.

A partir dessa aproximação entre história e ficção, por meio do fulcro do narrar, que reformula e complexifica o sujeito ético, com aquele através de quem o *mythos* se expressa, nosso filósofo, em *Du texte à l'action,* estabelece um novo patamar de aproximação ao sujeito ético focalizando uma vez mais o problema da ação. Para Ricoeur, a ação humana pode ser lida como um texto, isto é, pode ser articulada, pela narração, numa totalidade significativa. O sujeito compreende a si mesmo ao narrar sua vida, totalizando-a, fazendo articulação lógica das próprias ações ao escoar-se no tempo, ao inscrever-se no tempo. O sujeito é ainda compreendido, decifrado, reconhecido por outros sujeitos quando esses encadeiam para si mesmos o fazer daquele sujeito numa totalidade inteligível.

Esta analogia entre a narrativa dos textos de história e de ficção e a narrativa do agir *amplia,* ao mesmo tempo, a noção de identidade narrativa, estendendo-a ao campo da ação e *complexifica* a noção de sujeito, agora pensado não apenas com quem delibera e decide, mas como quem é *capaz* de dizer, narrar, agir, imputar. Definindo o sujeito como ser capaz de dizer a si mesmo e ao mundo, de narrar o acontecer e o fazer, Ricouer assinala essas capacidades como expressões maiores da liberdade da pessoa. É por ser capaz de dizer, narrar, imputar, que o homem é livre, e é no exercício dessas capacidades, isto é, de sua liberdade, que também reconhece a si mesmo como o ponto focal dessas capacidades e reconhece ao outro como senhor de capacidades análogas.

Nos planos da história e da ficção, vivendo pela memória e pela imaginação alternativas de ser, o sujeito amplia a sua experiência individual, enriquecendo-a com a experiência da Humanidade – narrada pela história – e com as variações imaginativas do eu – possibilitadas pela ficção. O sujeito se abre desse modo a uma compreensão mais ampla de si e dos outros, rompendo com os limites estreitos impostos pela sua finitude, corporeidade e temporalidade.

De modo análogo, "lendo" a sua ação e a dos outros como se fossem textos, o sujeito se percebe como polo da liberdade, expressa através das diferentes faces por meio das quais ela se manifesta: agir, dizer, narrar, imputar.

Articulando narrativamente o agir, faz-se o longo percurso do reconhecimento de si e do outro. Esse percurso, descrito pelo filósofo na sua obra testamento *Parcours de la Reconnaissance*, conduz de volta ao mundo dos homens: o mundo da vida histórica, das obras criadoras, da vida política, da busca da paz.

Em Ricoeur, duas categorias possibilitam a compreensão do homem: a *consciência* e a *temporalidade*.

Tornar-se consciente de si, ter a consciência como tarefa primordial da existência, é um dos objetivos maiores do ser humano. A consciência não se reduz à imediata presença a si, mas é passível de amplificação constante. Essa amplificação, realizada ao longo de toda a vida do sujeito, abre-o ao universal, no diálogo com o mundo e com os outros.

O desenvolver-se ao longo da existência faz da consciência, essencialmente, *tempo*. O homem não apenas está no tempo, na sucessão cronológica dos dias e das horas, mas *é* tempo, isto é, existe num horizonte que, pela *memória*, abarca o passado e pela *prospecção*, pelo projeto, indaga e delineia o futuro. Desdobrando-se em passado, presente e futuro, tornando o passado *presente* a si pela memória, e o futuro também *presente* pela antecipação e projeto do agir e do ser, o homem *presente a si*, consciente de si, se expressa no tempo e como tempo.

Assim, a consciência é, para o homem, consciência de *si*, desvendada ao longo da vida, no tempo. A hermenêutica de Ricoeur se apresenta como uma decifração do **si**, do núcleo essencial que caracteriza o ser humano.

Embora a meditação de Ricoeur *se inscreva*, desde os seus primeiros textos importantes, como *A Simbólica do Mal*, no horizonte de uma reflexão sobre a poética da linguagem, do discurso, e *prossiga* o trabalho de decifração do homem por intermédio do exame da metáfora e da narrativa em *História e Verdade*, *A Metáfora Viva*, dentre outros textos, é nos três volumes de *Tempo e Narrativa* que o laço entre filosofia e literatura alcança sua maior expressão.

Em *Tempo e Narrativa*, o pensar sobre a linguagem simbólica – campo hermenêutico por excelência – focaliza o elo entre consciência de si, narratividade, temporalidade de modo original, tecendo juntos o percurso do conhecimento de si e o do reconhecimento do outro por meio da introdução de um novo conceito, o de *identidade narrativa*, e da consideração da circularidade entre *tempo* e *narrativa*.

A enorme amplitude dos temas e dos textos fez com que centrássemos nossa atenção em alguns aspectos, apenas, da sua obra monumental. Consideramos, por isso, especialmente aspectos do segundo volume de *Tempo e Narrativa*, no qual o filósofo enfoca a problemática da temporalidade e da narrativa no âmbito da literatura.

Os textos – três volumes – de *Tempo e Narrativa* foram publicados entre 1983 e 1985.

No primeiro volume, dividido em duas partes, Ricoeur aborda, na primeira, o círculo entre narrativa e temporalidade, recorrendo às tradições aristotélica e agostiniana para explicitar a noção de "tessitura da intriga" e as características da experiência humana de temporalidade. Retornaremos adiante a esse ponto.

Na segunda parte, trata da narrativa histórica e aponta a problemática da epistemologia histórica contemporânea.

O objetivo do primeiro volume da obra é mostrar a possibilidade dos laços entre a narrativa histórica e a narrativa de ficção, tema que levará às últimas consequências no segundo volume.

Reconhecendo uma "*l'identité structurale* entre *l'historiographie et le récit de fiction*"[116], o filósofo mostra seu parentesco, seu denominador comum: a busca da verdade sobre o ser humano. Tal busca, como sabemos, caracteriza também a filosofia, achando-se resumida no imperativo délfico.

[116] RICOEUR, P. *Temps et récit*. Paris: Seuil, 1983, vol. I, p. 17.

A identidade estrutural entre historiografia e narrativa de ficção é possível dado "*le caractère temporel* de *l'expérience humaine* (...)".[117]

Há, diz Ricoeur, uma circularidade entre narratividade e temporalidade, pois "*le temps devient humain dans la mesure ou il est articulé* de *manière narrative* (...) *Le récit est significatif dans la mesure ou il dessine les traits* de *l'expérience temporelle*".[118]

Recorrendo à noção aristotélica de *mythos*, nosso filósofo a traduz como "*mise en intrigue*", trama, "*synthèse de l'hétérogène*"[119], ou seja, articulação do acontecer factual (história) ou fictício (narrativa), numa totalidade significativa, pela *mimésis*, imitação criadora da experiência temporal, da vivência humana no tempo.

Retoma, para essa tarefa, a meditação agostiniana sobre o tempo, experiência misteriosa, enigmática, distensão da alma, que experimenta a discordância entre sua aspiração à eternidade e sua finitude, vivida como queixa, tristeza, agonia.

Ligando os estudos sobre o *mythos* aristotélico e a teoria do tempo de Agostinho, o pensador francês trata de estabelecer, como fio condutor de suas reflexões, o tema da *mimésis*, imitação criadora da vida, que se hierarquiza em três níveis, que veremos a seguir.

Mimésis I é a representação de uma pré-compreensão da ação, de suas categorias e de sua temporalidade transpostas sob a forma narrativa. As narrativas, os contos, supõem uma compreensão do encadeamento dos fatos, da linguagem do fazer e da tradição cultural nos quais se inscrevem. O que é narrado é "*dès toujours symboliquement médiatisée*"[120], articulado segundo o tempo.

---

[117] Id., ibid.

[118] Id., ibid.

[119] Id., ibid, p. 55, p. 11.

[120] Id., ibid., p. 91.

O objetivo da *mimésis I* é, pois o de "*imiter* ou *représenter l'action* (...) [pré-comprendre] *ce qu'il en est de l'agir humain: de sa sémantique, de sa symbolique, de sa temporalité. C'est sur cette pré-compréhension* (...) *qui s'enlève la mise en intrigue et, avec elle, la mimétique textuelle et littéraire.*[121]

O reino da ficção se abre por meio da análise da *mimésis II*, configuração narrativa ficcional.

Mimésis II consiste na configuração narrativa entendida como ordenação de fatos, enumeração de eventos organizados numa totalidade inteligível que integra elementos heterogêneos. Seu objetivo é estabelecer paradigmas que reformulam as relações do homem com o tempo. Daí Ricoeur dizer: "*Mimésis III marque l'intersection du monde du texte et du monde de l'auditeur* ou *du lecteur*", a intersecção "*du monde configuré par le poème*" e o mundo da ação, do tempo.[122]

Vemo-nos, assim, perante a *configuração* e a *refiguração* do acontecer, confrontadas com a possibilidade de um leitor que as aprecie e reformule sua imagem do mundo a partir do impacto produzido pela obra de arte.

O que se narra é o tempo, a ação que se desenvolve no tempo e que é refigurada pela narração.

O problema central que Ricoeur se propõe a examinar é o "*de savoir juqu'à quel point une réflexion philosophique sur la narrativité et le temps peut aider à penser ensemble l'éternité et la mort*".[123]

---

[121] Id., ibid., p. 100.
[122] Id., ibid., p. 109.
[123] Id., ibid., p. 129.

No segundo volume de *Tempo e Narrativa*, cujo interesse é maior para a discussão das relações entre filosofia e literatura, o pensador aborda "*la configuration du temps dans le récit de fiction*"[124], mostrando que a história e a ficção têm por objetivo *refigurar* o tempo.

Narrativa de ficção é, para o filósofo, aquela que não pretende alcançar o estatuto de narrativa verdadeira, que a História se propõe a ser. Contudo, há uma verdade na ficção: a de simbolizar a condição humana e a de conduzir a um aprofundamento da consciência de si.

Para mostrar esse papel da ficção na vida humana, Ricoeur busca na tradição aristotélica, como já assinalamos, a noção de *tessitura da intriga*, que ele tratará de aprofundar, enriquecer e vincular à noção de *mundo da obra*, examinando a temporalidade que lhe é própria: a da experiência fictícia e do tempo.

Desse modo, nosso autor evidencia a permanência das características essenciais do mito trágico, nas diferentes formas de ficção, à luz da narratologia e da semiótica. Trata de explicitar o laço entre vivência, tempo histórico e tempo fictício, desdobrando os modos de narrar e mostrando como as obras literárias instituem modos de habitar o mundo que convidam o leitor a refletir sobre sua condição.

Assinala também a complexificação da noção de *intriga* ao longo dos séculos, que tem como correlato a complexificação da noção de *tempo narrativo*.

O estudo dos jogos com o tempo, nas narrativas de ficção, passa pelo exame das estruturas dos tempos verbais e das sentenças, relacionando-as ao vivido temporal.

---

[124] Id., ibid., vol. 2, prefácio, p. 7.

A arte da configuração está ligada ao mundo *narrado*, que se opõe ao mundo real, *comentado* pela História. Assim, o tempo passado a que os contos, lendas, romances recorrem refere-se à entrada no mundo da narração[125]; por outro lado, o texto se desenrola no tempo e exige tempo para ser lido. Ademais, a experiência do tempo levada a efeito pelas personagens do romance torna ainda mais elaborada a experiência do tempo característica da narrativa de ficção. Sua finalidade ao jogar com o tempo é conduzir à "*le déchiffrage de notre condition effective et de sa temporalité*"[126], dado que narrar é, de certo modo, experimentar certa maneira de viver.

Condensando o tempo, a narração apresenta a vida como uma totalidade, fazendo aparecer sua relação com a experiência vivida do leitor e pondo em relevo a relação entre o quantitativo e o qualitativo do tempo.

Estabelecendo um vai e vem entre passado e futuro, no interior de si mesma, a narrativa de ficção impõe ao leitor um ritmo temporal novo, modificando a experiência imediata do tempo vivido. Essa interpenetração entre as experiências reais e as fictícias do tempo mimetizam a vida do narrador e recriam uma nova experiência do mundo. Ricoeur a exemplifica referindo-se à obra de Proust, a *Recherche*, que pode ser lida em muitos níveis (ideológico, fraseológico, temporal, psicológico), culminando numa poética da composição, da configuração narrativa.

A experiência temporal fictícia é estudada por nosso filósofo através de três obras contemporâneas: *Mrs. Dalloway, A Montanha Mágica, Em Busca do Tempo Perdido.*

[125] Id., ibid., p. 110.
[126] Id., ibid., p. 113.

O objetivo é mostrar como a narrativa, ao configurar o texto, provoca uma refiguração do tempo, ao promover "*la confrontation entre le monde du texte et le monde de vie du lecteur*".[127]

A experiência fictícia do tempo exporia "*une expérience virtuelle de l'être au monde*"[128], que repercute sobre o leitor, provocando nele uma mudança de perspectiva sobre a vida e sobre o mundo.

A escolha das três obras citadas prende-se, para Ricoeur, ao fato de todas serem "*fables sur le temps*"[129], que põem em relevo a meditação sobre o significado do tempo para o homem, através das *variações imaginativas do eu.* Essas propiciam ao leitor a refiguração da temporalidade ordinária.[130]

As obras exploram também a relação entre o tempo e a eternidade, o amor e a morte, propondo ao leitor uma ampliação da consciência mediante a reflexão sobre as possibilidades de seu existir.

O confronto entre o tempo e a eternidade, entre o tempo psicológico e o cronológico, entre o fluir da existência e as experiências do amor e da morte expressam-se no romance de Virgínia Wolff, por meio da pontuação da vida dos personagens pelas badaladas do Big Ben, emblema, no romance, do tempo cronológico.

O romance refigura o tempo, contrastando o tempo oficial, dos relógios, com o tempo interior, psicológico, dos personagens. Revela, assim, "*l'expérience de la mortelle discordance entre le temps intime et le temps* monumental (...)", público.[131]

---

[127] Id., ibid., p. 150.

[128] Id., ibid., p. 151.

[129] Id., ibid.

[130] Id., ibid., p. 152.

[131] Id., ibid., p. 161-162.

O horror ao tempo, visto como o negativo da eternidade, alia-se aí à experiência do amor como perda. Mas, em vez de produzir só desespero e morte, a decisão do romance dá-se a favor da vida, "*de la beauté périssable*"[132], superação do horror.

As diferentes atitudes dos personagens perante o fluir do tempo não aparecem hierarquizadas no romance de Virgínia Wolff. A artista apenas mostra a experiência do tempo como "*le retentissement* (...) *d'une expérience solitaire*" em outra "*qui fait face dans un rapport complexe et instable, au temps* monumental (...)", oficial e público[133].

A diversidade dos jogos com o tempo é aí levada até uma alta expressão: implica a consideração da experiência íntima do fluir das horas, diversa em cada personagem; a consideração do tempo dentro do romance, como confronto entre o cronológico e o psicológico, entre a vida e a morte, o amor e a morte. É ainda a expressão do leitor maravilhado com tais jogos e com a mudança interna que a leitura do romance desencadeia.

Outro enfoque sobre a problemática do tempo e de sua relação com a consciência humana aparece no exame ricoeuriano de *A Montanha Mágica*. Definindo o livro como um romance sobre o tempo, nosso filósofo assinala a presença desse tema nas experiências do confronto dos personagens com a vida e a morte; na decorrente abolição do sentido da medida do tempo, vivida por um deles; na exposição dos laços "*entre le temps de la narrative et le temps raconté*".[134]

---

132 Id., ibid., p. 165.

133 Id., ibid., p. 167.

134 Id., ibid., p. 168-169.

Contrapondo a experiência de abolição do tempo cotidiano entre os doentes que vivem num sanatório da montanha a experiência da vida cotidiana e a vida marcada pelos calendários e relógios, Thomas Mann mostra, ao longo do romance, o vai e vem entre os que estão na montanha e os que vivem na cidade, como a ambiguidade do confronto entre a vida e a morte. O laço entre as duas experiências se dá por meio da irrupção de um evento novo, o desencadeamento da guerra, "*fête de la mort*", que mergulha os que habitam no sanatório uma vez mais nas exigências da vida comum.

A estrutura do texto também mostra a dimensão de temporalidade *inscrita* no próprio romance, dividido em sete capítulos, que abarcam sete anos. Cada capítulo narra um tempo e leva outro para narrá-lo, por meio de um número de páginas em que é marcante a desproporção entre o *tempo narrado* e o *tempo de narrá-lo.*

A finalidade da construção do romance desse modo é provocar no leitor uma perspectiva que focaliza a luta do herói "*avec la perte du sens du temps* ".[135]

A extraordinária complexidade dos jogos com o tempo, em *A Montanha Mágica,* aponta um explorar de possibilidades que ultrapassam amplamente o conflito entre o tempo interior e o tempo cronológico mostrado no romance de Virgínia Wolff.

Englobando também esse conflito, o texto de Thomas Mann examina o laço que une os opostos amor e morte, inscrevendo-os num domínio mais amplo. O romance é, "à la fois *le roman du temps* et *le roman de la maladie mortelle*"[136], metáfora da crise da cultura e metáfora da aprendizagem espiritual, via de desilusão que busca integrar "*éternité, amour et vie*"[137] sem nunca realizar sua unidade.

---

[135] Id., ibid., p. 170.
[136] Id., ibid., p. 172.
[137] Id., ibid., p. 193.

Daí Ricoeur afirmar que "*La conjonction, par la technique narrative entre le roman du temps, le roman de la maladie et le roman de la culture, est le médium que l'imagination du poète produit pour porter aux extrêmes la lucidité que pareille exploration requiert*".[138]

Assim, a complexificação da consciência do tempo, que se realiza no *A Montanha Mágica*, pela vinculação metafórica entre a *crise do sujeito individual*, expressa pelo confronto dos doentes com o amor e a morte, e a *crise da cultura*, exposta pela oposição entre os que vivem na montanha, fora do tempo cotidiano, e os da planície, que se inscrevem no tempo cronológico, na faina do dia a dia, é também mostrada, ao longo do romance, pela narração da guerra, metáfora da catástrofe, da morte e do tempo destruidor que atinge a todos.

De Virgínia Wolff a Thomas Mann, a narrativa torna-se mais complexa, envolvendo novos elementos; assim, também se complexifica a relação consciência/temporalidade, mantendo-se, contudo, um fio condutor nas peripécias dessa complexificação. É a essencial tensão entre o tempo mortal e a eternidade, já assinalada por Agostinho e repetidamente mencionada por Ricoeur, que aí reaparece caracterizando a condição humana.

Mas é no exame da *Recherche* que a reflexão sobre os laços entre consciência, tempo e verdade assume sua maior dimensão.

Meditação sobre o tempo, aprendizagem e decifração do mundo da arte, do amor, o romance de Proust é também a aprendizagem da desilusão, do desgosto desencadeado pelo fluir do tempo, assim como aprendizagem da transcendência do tempo perdido, pela criação da obra de arte, que resgata o passar do esquecimento e da morte, ao eternizá-lo na arte.

---

[138] Id., ibid.

Recriação de um mundo, de uma época, transfiguração da precariedade humana e leitura dos tipos, dos personagens, como paradigmas do existir, a *Recherche* alcança uma universalidade única, pela travessia do tempo, enfocado como lugar de decifração de si, lugar da descoberta da vocação, pelo artista: "*L'apprentissage* (...) *est seul à faire coïncider la recherche du temps perdu avec la recherche de la vérité* (...)".[139]

O Tempo Redescoberto, último livro da *Recherche*, é a descoberta da eternidade, do extratemporal, no qual se ancora a possibilidade de transcendência da morte, vinculada à meditação sobre o significado da arte. Essa é fixação do fugidio "*dans un oeuvre durable*"[140]; é a única felicidade, o único prazer imperecível de que o homem é capaz.

O que *Recherche* narra é a transição, diz Ricoeur, entre o tempo perdido, o tempo que passa e se esvai, e o tempo redescoberto, o tempo da obra de arte. Daí o filósofo dizer: "*Le temps retrouvé* (...) *est le temps perdu éternisé par la métaphore*"[141], é aquele que estabelece a relação entre a vida e a arte.

Ricoeur funda, por meio dessas análises de romances sobre o tempo, uma nova racionalidade, que envolve o que ele chama de *inteligência narrativa.*

A inteligência narrativa sintetiza o heterogêneo da experiência ou da imaginação, desvelando a verdade, dita de modo simbólico, a respeito do homem.

O mundo do texto tem por correlato o mundo da vida do leitor, para o qual a obra é escrita, visando levá-lo a tornar-se, como pretendia Proust, "leitor de si mesmo".

---

139 Id., ibid., p. 207.
140 Id., Ibid., p. 214.
141 id., ibid., p. 219.

Em resumo:

a) a filosofia é busca da verdade e do autoconhecimento; pretende conduzir o homem a um saber de si;

b) a literatura, mediante a linguagem simbólica, reformula a experiência imediata do homem no mundo, tornando-a inteligível;

c) vivendo variações no plano do imaginário do eu, pelo confronto com textos literários, o homem amplia a consciência de si, destrói ilusões e compreende melhor a si e aos outros;

d) refigurando o sentido do existir humano, visando o extratemporal por meio da obra criadora, a literatura, assim como a filosofia, desvela o ser do homem e ajuda a superar, em certa medida, o abismo intransponível entre a eternidade e o tempo;

e) consciência e tempo são temas comuns à filosofia e à literatura; é decifrando, fazendo a hermenêutica dos símbolos, da linguagem simbólica, de que a literatura é uma das expressões, que a filosofia pode desvelar cada vez mais profundamente o homem a si mesmo.

Essa meditação sobre a consciência, que leva nosso autor a formular uma hermenêutica do si, superando o aparente dilema da afirmação do *cogito* e da sua crítica, que constitui o fulcro por excelência da reflexão de Marx, Nietzsche, Freud, Husserl e Merleau-Ponty, acha em Ricoeur sua formulação mais importante em *O Si-Mesmo Como Um Outro* e seu pleno desabrochar em *Percurso do Reconhecimento*[142].Procuraremos mostrar, no que segue, como se dá a correlação consciência-liberdade em nosso autor, na medida em que se explicitam nessas obras os aspectos da liberdade como um poder, expresso por meio das

142 Id., *Parcours de la reconnaissance*. Paris: Stock, 2004.

variações do reconhecimento das diferentes configurações do "eu posso". Nas obras citadas, o tema da identidade narrativa, proposto pela primeira vez em *Tempo e Narrativa II*, é desdobrado numa reflexão sobre a identidade que é alcançada por meio de uma compreensão melhor a respeito de *quem* fala. Diz nosso autor: "(...) todas as asserções relativas à problemática do si (...)" têm a mesma amplitude que "a questão *quem?* [e] a resposta – *si*.[143]"

Relacionando os temas – identidade, mesmidade, alteridade[144] –, o pensador francês mostra a centralidade das questões: De quem se fala? Quem fala de si?[145], quando se medita sobre a pessoa, o *agente* que é visado por essas interrogações. Assim, interrogar-se sobre a identidade é responder às questões: "Quem fala? Quem age? Quem se narra? Quem é o sujeito moral da imputação?"[146], relacionando filosofias da linguagem e filosofias da ação, que põem em jogo a dimensão ética do sujeito. Daí o filósofo dizer, a propósito da obra *O Si-Mesmo Como Um Outro*: "o conjunto desses estudos tem como unidade temática o *agir humano*", que aí assume uma "extensão e uma concreção que crescem incessantemente".[147]

---

[143] Id., *Soi-même comme un autre*, p. 28.

[144] MARCONDES CESAR, C. A ética da alteridade. In: HENRIQUES, M. F. (org.). *A Filosofia de Paul Ricoeur – Temas e percursos*. Coimbra: Ariadne, 2006, p. 125-132; id., Le même et l'autre: une perspective sur la notion de personne. In: *Actes du XXXI Congrès International de l'ASPLF*. Budapeste: Univ. ELTE/Société Hongroise de Philosophie de Langue Française, 2009, p. 379-386.

[145] RICOEUR, P. *Soi-même comme un autre*, p. 28.

[146] Id., ibid.

[147] Id., ibid., p. 31.

A hermenêutica do agir, já proposta em *Do Texto à Ação*[148], focaliza o problema da ação do ponto de vista epistemológico, à luz da dialética do explicar e do compreender. Introduz a ideia de que a ação humana pode ser lida como um texto, tema que reaparece em *Tempo e Narrativa II*, no qual o exame da trama dos romances sobre o tempo articula as ações que provocam a *metabolé,* a mudança da sorte. A tessitura do romance é estruturada pela tessitura das ações dos personagens. O texto aparece como o modelo paradigmático "da estruturação do campo prático, no qual os homens figuram como agentes ou pacientes (...) ademais, os próprios discursos são ações"[149], isto é, exibem o laço profundo entre ação e palavra. O agir humano, modo de ser fundamental, conduz à atestação de si, à "confiança no poder de dizer (...) de fazer (...) de se reconhecer como personagem de narrativa (...) de responder à acusação (...)".[150] A meditação sobre o agir e suas figuras dizer, narrar, ser sujeito de uma imputação – esboçada na obra *O Si-Mesmo Como Um Outro* – desabrocha, em *Percurso do Reconhecimento,* como afirmação das capacidades do homem: poder dizer, fazer, narrar, ser imputável. A pessoa se individualiza ao se identificar, se reconhecer e reconhecer os outros. A capacidade de reconhecimento de si e do outro é, em Ricoeur, a expressão da liberdade do homem que luta para chegar a ser consciente de si e abrir-se à alteridade.

Na meditação sobre o agir, sobre a capacidade de autorreconhecimento implicada na narrativa pela qual o homem assume a si mesmo e à sua vida, ressoa a compreensão da liberdade

[148] Id., *Du texte à l'action.* Paris: Seuil, 1986, p. 137-212.
[149] Id. ibid., p. 8.
[150] Id., *Soi-même comme um autre,* p. 34-35.

como campo sempre aberto de possibilidades de ser, assinalada por Merleau-Ponty, fonte de Ricoeur. Para esse, as capacidades do homem, enfeixadas nas três figuras do agir (narrar, fazer, ser imputável), expõem as diferentes faces da liberdade, o campo aberto das possibilidades, no tempo. Capacidades/possibilidades: díade que mostra Ricoeur como herdeiro da tradição fenomenológica e sua inspiração em Merleau-Ponty, explicitamente reconhecida.

A abordagem ricoeuriana do problema da ação ocorre em três etapas: na primeira, os aspectos epistemológicos e éticos estão enfatizados, correlacionando teoria do texto, teoria da ação e teoria da História, e propondo uma teoria geral da imaginação, que evidencia "a força heurística da ficção", as relações entre "ficção e o poder fazer" e entre "ficção e intersubjetividade", que possibilita a compreensão do "imaginário social".[151] O agir expõe a compreensão narrativa da própria vida do sujeito, bem como a da comunidade traduzida nas ideologias e utopias que permeiam o imaginário social.

Na segunda etapa, que ocorre concomitantemente com a publicação do livro *Do Texto à Ação,* o problema do agir aparece relacionado ao da epistemologia da História e ao parentesco, assinalado por nosso autor, entre a narrativa histórica e a de ficção. Esse parentesco consiste no fato de que ambas promovem a refiguração do tempo: refiguração do acontecer, pela História, refiguração como trama no romance. Estão em jogo aí os aspectos epistemológicos da ciência da História e do valor da verdade dita a propósito do homem, nas narrativas de ficção; e o aspecto ético, representado pela ampliação da consciência de si alcançada pelo sujeito que encontra, por meio da história

[151] Id., *Du texte à l'action*, p. 161-236.

e da ficção, alternativas de ser, mais amplas que as da sua estrita experiência individual. Essa meditação, exponencialmente presente em *Tempo e Narrativa,* desenvolve uma noção mais complexa de identidade pessoal que a encontrada na noção tradicional; trata-se, aqui, da *identidade narrativa,* conforme já assinalamos anteriormente. O ser humano como pessoa, homem individualizado pela linguagem, capaz de identificar a si e ao outro, de designar a si mesmo, aparece como polo essencial de uma ética da alteridade[152], que põe em primeiro plano as noções de identidade-idem, identidade-ipse, identidade narrativa, mostrando a dialética entre ipseidade e mesmidade, entre identidade e alteridade. O tema explorado em *O Si-Mesmo Como Um Outro* sintetiza a meditação de nosso autor sobre quem é o sujeito humano, ancorada numa crítica do *cogito,* mas também numa hermenêutica do si.

É descrevendo as possibilidades existenciais do sujeito que fala, age, é responsável, que Ricoeur aponta a possibilidade de superação dos "mestres da suspeita", substituindo a suspeita em relação às certezas da consciência imediata pela atestação de si, confiança nos poderes que se expressam por meio do agir.[153] É passando da percepção de alternativas de ser, *possibilidades* do existir, que caracterizam o homem como agente, à afirmação dessas possibilidades como *capacidades* que o constituem ontologicamente, que nosso autor falará de um *percurso do reconhecimento.*[154]

---

[152] Cf. n. 326.

[153] RICOEUR, P. *Soi-même comme um autre,* p. 34-35.

[154] Id., *Parcours de la reconnaissance, passim.*

A *atestação de si*, conceito-chave do *O Si-Mesmo Como Um Outro*, conforme assinala Françoise Dastur[155], é anúncio do conceito de *reconhecimento,* desenvolvido na última obra de Ricoeur. Diz Dastur, reportando-se a Ricoeur, que por atestação é preciso entender "o modo de relação consigo de um sujeito que se caracteriza de modo essencial por suas capacidades (...)".[156] O que caracteriza o *Percurso do Reconhecimento* é a inscrição das capacidades individuais, entrevistas no *O Si-Mesmo Como Um Outro*: falar, narrar, agir, ser responsável, no plano das formas sociais das capacidades que caracterizam "o humano em geral pelo poder de agir"[157], diz Dastur, citando explicitamente Ricoeur[158]. Assim, pela capacidade de se recordar e de manter promessas, o homem se temporaliza, abrindo-se ao passado e ao futuro. Figuras do agir, o falar, narrar, ser responsável, recordar e prometer implicam "uma compreensão da capacidade de agir concebida não como simples liberdade negativa, isto é, ausência de entraves (...) mas como capacidade de realizar e de escolher um modo de vida"[159], diz Dastur, citando uma vez mais Ricoeur.[160] Essa capacidade de agir do sujeito individual se inscreve numa situação, num mundo, no "espaço social essencialmente definido pelas relações de reciprocidade que todos os seus membros mantêm entre si".[161]

---

155 DASTUR,F. De *Soi-même comme um autre* au *Parcours de la reconnaissance*. In: HENRIQUES,M.F. *A filosofia de Paul Ricoeur. Temas e percursos*, p. 452. Ela se refere, no seu texto, à nota 1 da p. 335 de *Soi-même comme um autre*, na qual o próprio Ricoeur faz a observação.

156 Id. ibid.

157 Id., ibid., p. 453.

158 RICOEUR, P. *Parcours de la reconnaissance*, p. 200.

159 DASTUR, F. op. cit., p. 453

160 RICOEUR, P. op. cit., p. 211.

161 DASTUR, F., op. cit., p. 454.

O exame do reconhecimento mútuo e da busca de estima social conduz Ricoeur a meditar sobre o problema da liberdade num mundo multicultural e a refletir sobre a luta pelo reconhecimento e pela paz, entendida como superação dos paradoxos da vida social, apontados em *História e Verdade*[162] e em *O Que Nos Faz Pensar – A natureza e a regra.*[163] A ideia de paz, em Ricoeur, não aparece em um único texto teórico, escrito especialmente sobre o tema, ao menos dentre os trabalhos já publicados do autor. Mas, associada às noções: de bem viver, de superação de conflitos, de justiça, de tolerância, de multiculturalismo, de recusa da violência e de reconhecimento, a palavra paz emerge sempre nos trabalhos do filósofo.

A meditação sobre a paz é essencialmente uma reflexão no âmbito da ética, para o nosso pensador. A reflexão sobre a ética é investigação sobre "nosso esforço para existir"[164], investigação sobre o significado fundamental do destino humano: o reconhecimento de si, o respeito a si, que visa "a vida boa, com e para os outros, em instituições justas".[165]

A vida boa é a vida plena, a que cumpre, na ação, o seu fim último. Visar "a vida boa" implica visá-la com os outros: o outro é um mediador entre nós mesmos e o mundo. A ética da mutualidade, do ser-com, implica a estima de si mesmo e a estima aos outros, simpatia e solicitude, apreensão do caráter insubstituível da pessoa: a estima do outro como um si-mesmo e a de si-mesmo como um outro.[166]

---

162 RICOEUR, P. *Histoire et vérité*. Paris: Seuil, 1995.

163 CHANGEUX, J-P. e RICOEUR, P. *Ce qui nous fait penser. La nature et la règle*. Paris: Odile Jacob, 1998.

164 RICOEUR, P. *Le conflit des interpretations*. Paris: Seuil, 1969, p. 21.

165 Id. *Soi-même comme un autre*. Paris: Seuil, 1990, Sétimo Estudo, p. 199-236.

166 Id., ibid., p. 202.

A expressão social da vida ética envolve as noções de justiça e de igualdade, consolidadas em instituições. A paz resulta da aceitação da pluralidade como extensão das relações inter-humanas a todos. Na vida individual, a justiça se exprime como *liberdade*; na vida interpessoal, como *respeito*; na vida coletiva, como *querer viver junto*, consolidado em normas, considerando os princípios da equidade, da cooperação entre os sujeitos.

A intuição inicial da ética – "Visar a vida boa, com e para os outros, em instituições justas"– esbarra, contudo, nas situações concretas de conflito, de caráter inelutável, e que expõem o trágico da condição humana.

A sabedoria prática consiste em instaurar a paz, priorizando o respeito às pessoas, pois a regra de ouro da ética é a *solicitude crítica*, que atravessou a prova dos conflitos morais.

Os dois eixos mais importantes em torno dos quais se desenvolve a meditação sobre a paz são: a relação entre justiça e paz, a relação entre reconhecimento mútuo e paz.

Ricoeur enfoca a justiça como virtude, isto é, como "excelência na conduta, na prática (...) fundada no juízo".[167] Ela é, no plano do sujeito individual, a busca do bem viver, da amizade, da vida boa. Esta vida boa é, do ponto de vista do sujeito individual, uma sabedoria prática, isto é, a escolha de ação mais perfeita dentre as ações possíveis, a cada instante, de modo a realizar, através da ação, a excelência, a plenitude do humano. E a justiça é também instituição, isto é, implica a existência de magistrados, juristas, leis; o bem-viver deve ser estabelecido mediante a supe-

[167] Id. La justice, vertu et institution. In: BARASH, J. A.; DELBRACCIO, M. (dir.) *La sagesse pratique. Autour de l'oeuvre de Paul Ricoeur.* Amiens: CND/CRDP de l'Académie d'Amiens, 1998, p. 11.

ração dos conflitos, pela arbitragem de um terceiro. Esse terceiro é, inicialmente, o Estado; é figurado também pelas leis escritas e pelos tribunais. A justiça, enquanto instituição, é uma estrutura do bem-viver junto: é "um sistema de partilha, de repartição, referente a direitos e deveres, rendas e patrimônio, responsabilidades e poderes; em suma, vantagens e encargos".[168] A justiça enquanto instituição, é "uma expressão social da vida ética"[169]: estabelece uma relação entre ética e política, entre o indivíduo e o *ser com o outro*; na sua dimensão institucional está associada às noções de equidade, de distribuição, de universalidade, de valor da pessoa. Nesse nível, é ruptura com a violência dos conflitos. É o que torna possível o debate, a liberdade, a interpretação das leis – que são regras gerais para proteger a igualdade entre os indivíduos e garantia da escuta de outra parte, assegurando a qualidade de discussão.

Ricoeur, muitas vezes, em diversos escritos, reconheceu o conflito como elemento inelutável da vida humana; é o que ele chama de *trágico da ação*. A sociedade é, diz o filósofo, "um fenômeno consensual-conflitual".[170] A justiça, enquanto expressão da sabedoria prática, que leva ao bem-viver, é busca da paz social. A *finalidade curta* da justiça é o estabelecimento do equitativo, da justa distribuição; sua *finalidade longa* é o desenvolvimento de uma arte da reconciliação, da paz social.

Essa busca da paz social está ligada à anistia, cuja função é:

"Exercer a virtude curativa de um esquecimento voluntário, que não é o esquecimento dos fatos, mas esquecimento da dívi-

---

[168] Id., *Lectures I*, p. 259.

[169] Id., ibid., p. 271.

[170] Id., La justice, vertu et institution. In: BARASH, J. A.; DELBRACCIO, M. (dir.), *op. cit.*, p. 18.

da (...). Não se pode perseguir, indefinidamente, acusar, arrastar aos tribunais. Há necessidade de uma espécie de interrupção da cólera e da vingança".[171]

Encontramos a paz pública, asseguramos a paz, considerando a justiça no seu sentido mais alto: o de um esquecimento, "não de falta, mas da dívida", esquecimento que permite "libertar o futuro do peso excessivo do passado".[172] A não violência não é sinônimo de pieguice, fuga do mundo, mas de compreensão profunda e ação eficaz no plano da História.[173] Expressão do amor, a não violência é busca da verdade e da paz.[174]

Assim, a justiça é, para além da punição ou da distribuição equitativa, um esforço de superar os conflitos, mediante a anistia e o perdão. O homem não violento não é um ser frágil; ao contrário, sua força está fundada na verdade interior, na fidelidade a si mesmo e aos outros.

Paz e tolerância são termos estreitamente associados nas obras de Ricoeur. Tolerância é, no plano das instituições, o respeito à liberdade do outro; no plano individual, admissão de modos de pensar e agir diversos do nosso.[175] Ela é, no plano filosófico, tentativa de superação dos conflitos das interpretações do mundo e do homem, reconhecimento da pluralidade da verdade; é não dogmatismo e recusa do ceticismo. É ainda a busca da possibilidade de articulação das hermenêuticas rivais, das interpretações rivais acerca do mundo e do homem, a partir do

---

[171] Id., ibid.

[172] Id., *História e Verdade*. Rio de Janeiro: Forense, 1968, p. 232 e segs. Ver também id., *Mémoire, Histoire,_Oubli.* Paris: Seuil, 2000.

[173] Id., *História e Verdade*, p. 225 e segs.

[174] Id., ibid., p. 231 e segs.

[175] Id., *Lectures I*, Paris: Seuil, 1991, p. 303.

ente que somos, fundamento de todas as interpretações. Tolerância é descoberta da pluralidade das culturas, da alteridade e de nós mesmos como "um outro entre os outros".[176] Perante a pluralidade das culturas, a atitude ética que o filósofo preconiza é o reconhecimento de que a amizade interpessoal, fundamento de paz e do bem-viver, na perspectiva de Aristóteles, ampliou-se em solidariedade transétnica, afirmação da Humanidade e de seu destino comum.[177] É reconhecimento de que a diversidade das culturas atesta a singularidade do homem, mas também a possibilidade de reconhecer nossa semelhança: "afirmar que o estrangeiro é um homem é, em suma, crer que a comunicação é possível (...) é ser capaz dessa transferência a um outro centro de perspectiva".[178]

Dessa maneira, a tolerância deve ser entendida, no sentido fraco do termo, como não violência; e, no sentido forte, como aceitação da diversidade. É, pois, respeito ao outro, de qualquer cultura; é reconhecimento do outro como interlocutor e parceiro, na *megapólis* que o mundo se tornou. É conseguir "gerir o desacordo, sem sucumbir à violência", colocando "o pluralismo a serviço da igualdade complexa".[179]

Encontramos algumas referências, nos escritos de Ricoeur, à figura de Gandhi e ao "valor moral e político da não violência".[180]

A meditação sobre a justiça e a paz, em nosso filósofo, está

---

[176] Id., *História e Verdade*, p. 285.

[177] Id., *Lectures* I, p. 303.

[178] Id., *História e Verdade*, p. 290.

[179] Id., *Le Juste* I, Paris: Esprit, 1995, p. 41.

[180] MONGIN, O. De La justice à La conviction. In: AESCHLIMAN, J.-C. (org.) *Éthique et responsabilité. Paul Ricoeur.* Neuchâtel: La Baconnière, 1994, p. 52; RICOEUR, P. *História e Verdade*, p. 225.

ainda essencialmente ligada à crítica dos totalitarismos e à afirmação do valor da democracia. Trata-se, para ele, de relacionar a reflexão política a um projeto filosófico incessantemente formulado nos termos de uma ontologia do agir. A crítica ricoeuriana ao *paradoxo do político* – ameaça sempre presente, no seio da vida social, de injustiça e de desigualdade – "reencontra a questão do bem e do 'consenso conflitual' que sustenta o curso da democracia".[181] Trata-se de esboçar uma reflexão sobre a opinião reta, perante o caráter inelutável dos conflitos presentes na sociedade.

A filosofia de nosso autor é também um elogio da palavra, do valor do debate, para que se alcance a paz social. É nesse sentido que é preciso compreender seu elogio da democracia – reino do debate e da pluralidade de opiniões, reino da liberdade e garantia da cidadania. Diz o filósofo: "Há um lugar na sociedade (...) onde a palavra tem primazia sobre a violência (...)", diminuindo os conflitos, contribuindo "para a paz social (...)", consolidando a "sociedade como empreendimento de cooperação (...)".[182] A sociedade democrática é a única que permite o desabrochar da humanidade do homem, dado que é a única forma de viver junto capaz de assegurar o respeito ao outro, mediante a justiça e as leis.

O outro polo da meditação de Ricoeur sobre a paz aparece na sua obra-testamento, *Parcours de la reconnaissance*[183],no terceiro estudo, que aborda o reconhecimento mútuo e os "estados de paz". Por "estados de paz" o filósofo entende as três figuras: *filia, eros, ágape.* A partir desses modelos de estados de paz, nosso autor estuda a noção de *mutualidade.*

---

[181] RICOEUR, P., ibid., p. 53-54.

[182] Id.,Le juste entre le legal et le bon. In: id., *Lectures I*, p. 10.

[183] Id., *Parcours de la reconnaissance*, Paris: Stock, 2004.

Os "estados de paz" se opõem à violência e à vingança, mas também às lutas por justiça nos tribunais. A justiça não interrompe a violência e a vingança.[184] Ora, suspender a violência, a vingança, "é o primeiro critério do estado de paz".[185] Assim, o *ágape* se aproxima da *filia,* magistralmente estudada na *Ética a Nicômaco,* e põe em relevo a condição do reconhecimento mútuo: a aproximação entre a amizade e a justiça. O *ágape* – amor sem busca de retribuição, dom gratuito – se distingue do *eros,* que Platão mostra estar apoiado no desejo de ascensão espiritual. O *ágape* implica a superação da disputa, o perdão e a reciprocidade infinita. É a dialética entre o amor e a justiça que o constitui[186], fundamentando a paz mediante o reconhecimento do outro.

Nas sociedades primitivas e em certos patamares da relação humana, a reciprocidade pode ser *viciosa* (vg. vingança como retribuição pelo mal sofrido) ou *virtuosa* (vg. dom, contradom, sacrifício).

Superior à *filia* e ao *eros,* o *ágape* expressa o reconhecimento mútuo, a reciprocidade que implica valores partilhados, o dom sem preço.

O dom sem preço é o acolhimento da alteridade. E é "no coração da conflitividade sem fim que a experiência efetiva da troca cerimonial do dom [é] invocada como figura privilegiada dos estados de paz".[187] A dissimetria originária entre o eu e o outro é ultrapassada pelo reconhecimento mútuo, que afirma amor, amizade, fraternidade, gratidão – preservando as duas

---

[184] Id., ibid., p. 321.

[185] Id., ibid.

[186] Id., ibid., p. 323.

[187] Id., ibid., p. 372.

alteridades.[188] A ética assim inspirada nos "estados de paz" é a arte da reconciliação, "sonho partilhado de uma autêntica 'vida boa' (...)".[189]

Justiça e liberdade, reconhecimento e liberdade são correlatos na obra de nosso filósofo.

---

[188] Id., ibid., p. 376-377.

[189] CHANGEUX,J. P.; RICOEUR, P. *Ce qui nous fait penser. La nature et la règle*. Paris: Odile Jacob,1998, p. 339.

4. Pessoa, temporalidade e liberdade em Merleau-Ponty e Ricoeur

O exame das noções de *temporalidade e liberdade* em Ricoeur remete-nos à consideração de sua dívida com Merleau-Ponty, explicitamente invocada pelo filósofo em uma conferência feita em Portugal[1], na qual retraça os momentos importantes de sua trajetória intelectual.

É preciso ainda levar em conta a dívida de ambos em relação à teoria de tempo de Santo Agostinho, também explicitamente mencionada.[2]

Nosso estudo pretende mostrar como Merlau-Ponty e Ricoeur retomam a meditação agostiniana e, partindo dela, constroem, cada um a seu modo, uma reflexão instigante e inovadora sobre as relações entre *temporalidade e liberdade.*

Para se entender a referência de Merleau-Ponty a Santo Agostinho, é preciso expor, primeiro, como se constitui a dimensão ontológica da temporalidade, no pensador francês.

---

[1] RICOEUR, P. Leçon d'ouverture. In: A. MELO, e P. PONCE DE LEÃO (eds.), Paul Ricoeur, uma homenagem. Lisboa, ISPA, 2002, p. 148 e segs. V. também outra menção a M.- Ponty no mesmo texto às p. 142 e segs.

[2] M.- PONTY, *Phénoménologie de la Perception*, Paris, Gallimard, 2005, p. 473 e segs; Paul RICOEUR, *Temps et Récit*, vols. 1 e 2, Paris, Seuil, 1983-1984.

A temporalidade é considerada a partir de sua relação com um sujeito finito. Enquanto finito, o sujeito é temporal e esta temporalidade é uma das dimensões do seu ser. Para o homem, o tempo é um fluir, e a metáfora heraclíteana do tempo que flui como um rio é recordada por nosso autor. Diversamente da concepção do tempo que o encara como sucessão de eventos, ligando-o ao acontecer no mundo exterior, Merleau-Ponty trata de mostrar que o fluxo de eventos só existe para um observador e que "se considero este próprio mundo, só há um único ser indizível que não muda".[3] Assim, a própria ideia de tempo "supõe uma visão do tempo"[4], o que leva o filósofo a afirmar que o tempo "não é (...) um processo real, uma sucessão efetiva que eu me limitaria a registrar. Ele nasce de minha relação com as coisas".[5]

Para nosso autor, no mundo objetivo não existe o tempo, apenas há um permanente agora. Daí ele dizer: "O que é passado ou futuro para mim é presente no mundo".[6] E ainda: "Se separarmos o mundo objetivo das perspectivas finitas que sobre ele se abrem e se o colocarmos em si, só iremos encontrar, em todas as parte, uma serie de 'agoras'. Ainda mais, esses agoras, não estando presentes para ninguém, não têm nenhuma característica temporal e não podem se suceder".[7]

Ou seja: a noção de acontecimento não existe no mundo objetivo; a ideia de sucessão de eventos só existe para uma consciência que a testemunha.

---

[3] M.- PONTY, op. cit., p. 472. Nas citações, recorremos à tradução brasileira publicada pela Livraria Freitas Bastos, em SP/RJ, 1971. As notas indicam a paginação da edição francesa.

[4] Id., ibid.

[5] Id., ibid., p. 473.

[6] Id., ibid.

[7] Id., ibid.

A temporalidade é, assim, constituída *na* e *pela* consciência, e permanentemente reconstruída, como passagem de instantes pontuais a outros. Vivemos no instante pontual, no presente. Quando a memória remete ao passado, não é o passado enquanto tal que é recuperado, mas dá-se uma recognição, no presente, de uma percepção conservada. Ela existe enquanto significação e enquanto nosso cérebro "guarda os traços do processo corporal que acompanhou uma de nossas percepções, e se o influxo nervoso passa novamente por esses caminhos já abertos, minha percepção reaparecerá, terei uma nova percepção fraca e irreal (...) que poderá indicar-me um acontecimento passado (...).[8]

Assim, a introspecção remete sempre a uma recognição; e a projeção do futuro, vinculada a esse exercício de retrospecção, remete à consideração do passado, projetando no futuro uma "analogia" com o que já aconteceu, que o filósofo chama de "retrospecção antecipada".

A ideia de um "presente ampliado", visto como experiência fundamental do sujeito que por meio da *memória* e do *projeto* expande a consciência para a captação do acontecer é, na nossa opinião, uma retomada criadora da teoria do tempo agostiniana. É a esse presente ampliado que nosso filósofo dá o nome de "campo de presença", abertura que leva a consciência a transcender a prisão no instante imediato.

O passado e o futuro não existem em si mesmos. Só emergem para uma consciência contemplante que, ao introduzir na plenitude do ser do mundo uma perspectiva, rompe essa mesma plenitude. Não é o sujeito quem unifica os tempos num único tempo. Cada tempo existe aberto e de forma comunicante com

---

[8] Id., ibid., p. 474.

os outros tempos, pois o sujeito é tempo. Invocando Kant, Merleau-Ponty diz: "(...) eu mesmo sou o tempo, um tempo que 'permanece' e não 'se escoa nem muda'(...)".[9] E invocando Heráclito, numa releitura surpreendentemente nova da metáfora do rio, afirma que o tempo é como um rio, não enquanto esse *escoa*, mas enquanto a água forma uma totalidade, "uma unidade consigo mesma".[10]

O sujeito não está no tempo, mas é o tempo, enquanto esse consiste na coesão de sua vida.[11] Por outro lado, a consciência contemplante, que constata os acontecimentos, não é intratemporal; ela "existe 'sem tempo' (*zeitlose*)"[12], fazendo aparecer as dimensões do tempo de modo inseparável, como força que as mantém juntas.

Outro ponto interessante, que recorda novamente a inspiração na teoria do tempo agostiniana, reformulado de modo original, é a relação eternidade-tempo, vista como relação entre permanência e impermanência, que aparece na sequência do texto.

Merleau-Ponty justifica o privilégio do presente em relação aos demais tempos, dizendo que é no presente que "o ser e a consciência coincidem".[13] O presente permanente do mundo, o "tempo do sonho" no qual se enraíza a temporalidade humana, recorda o "campo de presença" onde passado e futuro expõem o homem situado no instante.

Em síntese, focalizamos em Merleau-Ponty a atenção sobre dois pontos da sua meditação sobre a temporalidade que evo-

---

[9] Id., ibid., p. 483.

[10] Id., ibid., p. 484.

[11] Id., ibid., p. 485.

[12] Id., ibid.

[13] Id., ibid. p. 486.

cam, a nosso ver, a teoria do tempo de Santo Agostinho: o tema do privilégio do presente como experiência essencial do tempo; e a relação permanência/impermanência, que sugere a relação eternidade/tempo.

Um aspecto interessante, na sequência do capítulo, é a discussão da *identidade* humana a partir da experiência da temporalidade. Voltaremos a esse ponto adiante, mostrando que também em Ricoeur a relação identidade/temporalidade é essencial. Uma vez mais, um tema comum a Merleau-Ponty e Ricoeur emerge, considerado, no entanto, por esses autores, de modos diversos. Por ora, vamos nos limitar a expor como a noção de identidade aparece ligada à experiência da temporalidade, à luz da reflexão de Merleau-Ponty.

Para ele, a temporalidade ilumina a subjetividade, na medida em que é tempo vivo, manifestação do sujeito, "tempo que se sabe".[14] Mostra, assim, a subjetividade não mais como identidade imóvel, mas como unidade de uma multiplicidade, que põe em jogo as questões do mesmo e do outro, da identidade e da distinção, das relações entre consciência e natureza, interior e exterior.

Definindo o sujeito como *ser no mundo*, o pensador afirma que "o mundo é inseparável do sujeito, mas de um sujeito que só é projeto do mundo (...) inseparável do mundo (...) que ele mesmo projeta.

[Por isso] descobrimos (...) o mundo como berço das significações, sentido de todos os sentidos e solo de todos os pensamentos (...), unidade primordial de todas as nossas experiências no horizonte de nossa vida (...) pátria de toda racionalidade".[15]

---

[14] Id., ibid., p. 488.
[15] Id., ibid., p. 493.

É pela corporeidade que o homem se situa no mundo, se inscreve na realidade num plano pré-reflexivo que é, contudo, condição de toda a reflexão.

Ponto de encontro entre a permanência do ser e a consciência refletida, o corpo é a base de existência adquirida e fixa, sobre a qual repousa nossa existência aberta e pessoal. E é "a dialética do adquirido e do futuro [que] é constitutiva do tempo".[16]

É graças à "temporalidade que pode existir [para o homem], sem contradição, ipseidade, sentido e razão".[17]

Poderíamos ponderar então: se o tempo enquanto sucessão de acontecimentos só existe a partir de um observador, se a consciência é tempo, então o tempo não é real, mas um componente da consciência.

A indagação que surge é a seguinte: como explicar o fato de existir *mudanças*, como nascimento e morte, presença e não presença de indivíduos no mundo? Se no mundo objetivo não existe tempo, poderíamos supor que todos os eventos – ou, para retomarmos a metáfora do rio: todas as paisagens, sucessivamente apresentadas ao navegante – existiriam *simultaneamente*, na totalidade do mundo objetivo?

Nesse caso, a permanência do mundo evocaria, na sua totalidade, algo análogo à eternidade imutável de Agostinho, enquanto essa contém em si todas as possibilidades atuais: nascimento e morte, surgir e desaparecer. O mundo objetivo seria, assim, permanente, na visão de Merleau-Ponty: manifestar-se-ia em contraposição à existência finita e mortal do sujeito indivi-

[16] Id., ibid., p. 495.
[17] Id., ibid., p. 489.

dual consciente, que constata o suceder a partir de seu ponto fixo de observação. Nada, efetivamente, sucederia; tudo estaria sempre presente; só para a consciência existirá o mundo como sucessão de eventos.

Em Santo Agostinho, a eternidade existe como eterno presente, mas transcende o mundo e o homem; em Merleau-Ponty, a permanência do mundo é o ser como totalidade e presença, mas não transcendente. Lembra Parmênides conciliado com Heráclito: a permanência do mundo, do ser como totalidade e o *vir a ser*, a impermanência, o ser como puro fluxo, no tempo da consciência.

O tempo objetivo, para Merleau-Ponty, é o presente do mundo, da totalidade do ser; e o tempo mortal é o tempo da consciência, para a qual existem passado, presente e futuro. Na *mimésis* do tempo do mundo, a consciência revive o *passado* na recognição presente e antecipa o *futuro* na presente "recognição prospectiva". Para o filósofo, como para Santo Agostinho, o único tempo *real* é o *presente*, considerado contudo de modo diverso do filósofo cristão, numa releitura original do significado do texto agostiniano.

O breve capítulo da *Fenomenologia da Percepção* é denso, tem muitas outras implicações importantes. Deixamos de lado, por exemplo, o exame das fontes do pensamento do filósofo francês em Leibniz, Husserl, Heidegger; seu questionamento de Bergson; as implicações da noção de tempo, considerada não apenas em relação à consciência individual, mas na sua relação com as temporalidades das outras consciências, dos outros homens ou seja, o horizonte social da temporalidade.

Evidenciando o caráter inovador dos estudos consagrados à temporalidade, na *Fenomenologia da Percepção*, em relação às teorias sobre a consciência íntima do tempo, em Husserl e em relação à temporalização da consciência em Heidegger, Ricoeur põe em relevo que, para Merleau-Ponty, "*não há tempo nas coisas* (...) e a descrição da temporalidade [é apresentada] como um feixe de intencionalidades, marcado pelas trocas entre protensões, retenções e campo de presença"[18], nitidamente inspirando-se em Husserl. Há também, em Merleau-Ponty, um recurso à noção heideggeriana da *temporalização,* entendida como temporalidade que "se temporaliza como futuro-que-vai-ao-passado-vindo-ao-presente" e à noção de temporalidade como "coesão de uma vida", dada pelo *ek-stase* do tempo.[19]

O que Merleau-Ponty mostra, no seu estudo sobre a temporalidade, é o parentesco profundo "entre o subjetivismo de Husserl (...) e a analítica heideggeriana do ser-aí", por meio da afirmação de que o tempo não é apenas essencialmente o "tempo efetivo ou que se escoa, mas ainda tempo que se sabe, porque a explosão ou deliquescência do presente em direção a um futuro é o arquétipo da *relação do si consigo mesmo* e esboça uma interioridade ou uma ipseidade".[20]

É num duplo sentido que a fenomenologia do tempo, em Merleau-Ponty, supera as contribuições de Husserl e Heidegger, na opinião de Ricoeur. Primeiro, *interpretando* o fenômeno da intencionalidade, para desvelar o seu enraizamento na própria estrutura do ser no mundo; depois, *mostrando* "que a hermenêutica do ser-aí pertence ainda à época *fenomenológica* da ontologia".[21] É revelando uma convergência profunda entre Husserl e

[18] RICOEUR, P. Merleau-Ponty: par- delà Husserl et Heidegger. In: Lectures II, Paris, Seuil, 1992, p. 168.
[19] Id., ibid., p. 170 e segs.
[20] M-PONTY, M. *Phénoménologie de la Perception*, apud Paul Ricoeur, op. cit., p. 172.
[21] RICOEUR, P. op. cit.

Heidegger que Merleau-Ponty os supera, instaurando sua própria perspectiva original.

O enfoque de Ricoeur a respeito da obra agostiniana é diverso do de Merleau-Ponty. Mas também para seus escritos a poderosa reflexão das *Confissões* sugeriu um ponto de partida.

A abordagem ricoeuriana da teoria agostiniana, em *Tempo e Narrativa*[22] está centrada no livro XI das *Confissões*. Toma como pontos de partida de sua meditação a indagação agostiniana: "*Que é de fato o tempo?*, as aporias da experiência do tempo, a relação e a luta entre o tempo e a eternidade, a valorização do *presente* como o tempo real por excelência.

A especulação ricoeuriana sobre o tempo conduz a aporias, às quais o filósofo responde introduzindo a noção de atividade narrativa. A relação entre temporalidade e narrativa é essencial na obra do filósofo.

Nosso autor começa por elencar as aporias do tempo em Santo Agostinho: a do ser e do não ser do tempo, a da medida do tempo, a da *intentio* e *distentio animi*.

A obra de Agostinho aponta o contraste entre o tempo e a eternidade, a discordância fundamental entre o finito e infinito. A característica da obra do mestre medieval é a lamentação pela finitude, aquilo que Ricoeur chamou de "tristeza do finito", melancolia do ser mortal que aspira a uma plenitude nunca alcançada.

Vejamos as aporias e suas implicações, para depois considerarmos a apropriação ricoeuriana das contribuições de Santo Agostinho.

---

[22] RICOEUR, P. *Temps et Récit I*, Paris, Seuil, 1983, p. 19-53.

A primeira aporia decorre do impasse entre o ser e o não ser do tempo, expressa imediatamente pela dificuldade em medir o tempo. Contrapondo-se aos estoicos, que diziam que o tempo não tem ser, porque o passado já não é, o futuro ainda não é e o presente não permanece, Agostinho parte da constatação de que falamos, na linguagem comum, de modo positivo do tempo, e que nossa linguagem subentende a realidade do tempo. Mas, considerando a questão estoica, Agostinho privilegia o presente, o momento em que se mede o tempo, percebendo-o. E afirma que "o que medimos, é o futuro apreendido como espera e o passado como memória", *predizendo* os eventos que antecipamos e *narrando* o que consideramos verdade. Há, pois, futuro e passado, existindo, contudo, apenas no presente. Não são, assim, o passado e o futuro como tais que são seres, realidades; antes, existem como *qualidades* no presente onde os narramos ou predizemos. É a consideração da possibilidade de um presente ampliado que resolve a aporia do ser do tempo, dado que as coisas passadas existem *ainda* na memória e as coisas futuras são ditas *previamente,* no presente. O tríplice presente considerado por Agostinho soluciona a primeira aporia, referente à realidade do tempo.

E Ricoeur já anuncia brevemente, ao falar sobre esta aporia, como a solução agostiniana será retomada por ele: é pela *narração*, na *linguagem,* que o tempo humano assume um significado, transcendendo o mero suceder.

A segunda aporia diz respeito à *medida* do tempo.

É na dialética do tríplice presente, na qual a imagem do tempo que passa é associada a um transitar, a uma quase-espacialidade, que surge a questão da medida do tempo. Essa resulta da relação entre tempo e espaço, de modo que, diz Ricoeur, repetindo Agostinho, "a medida do tempo se faz 'num certo espaço' (*in aliquo spatio*) (...)".[23]

A aporia consiste no fato de o tempo não se identificar com o espaço, não ter espaço e ser medido, contudo, pelo espaço.

Os argumentos cosmológicos que tratam de superar essa aporia devem ser descartados, segundo Agostinho. Tais argumentos fazem decorrer o tempo do movimento dos astros; mas, como esses são *corpos*, o tempo poderia ser medido pelo movimento de qualquer corpo, não o sendo necessário e privilegiadamente pelo movimento dos astros. Mais ainda: se a luz dos astros desaparecesse, seria preciso medir o tempo por algo diverso de seu movimento. Além disso, o movimento dos astros, em si mesmo, não constitui o tempo, serve apenas para medi-lo.

Assim, se a referência do tempo não é cosmológica, é preciso buscar outra fonte para considerá-lo. Constatando que o tempo é uma distensão, Agostinho remete a extensão do tempo a uma distensão da alma. O tríplice presente é distensão e a distensão é a do tríplice presente. É no espírito que medimos o tempo, mediante a impressão que as coisas que passam provocam em nós. É a impressão que é medida, é a atividade de espírito, distendido em duas direções opostas: a do passado, pela memória; a do futuro, pela expectativa, mediante o ponto focal da atenção, o presente.

A concepção agostiniana tem repercussão nas obras de Husserl, Heidegger *e Merleau-Ponty*, diz Ricoeur.[24]

A dívida com a teoria agostiniana é reconhecida por nosso filósofo. Diz ele: "O achado inestimável de Santo Agostinho,

---

[23] Id., ibid., p. 30.

[24] Id., ibid., p. 34. O grifo é nosso.

reduzindo a extensão do tempo à distensão da alma, é o de ter ligado essa distensão à falha que não cessa de se insinuar no coração do tríplice presente: entre o presente do futuro, o presente do passado e presente do presente. Assim, ele vê a *discordância* nascer e renascer da própria *concordância* das perspectivas da espera, da atenção e da memória.

É a este enigma da especulação sobre o tempo que responde o ato poético da tessitura da intriga".[25]

Referindo-se ao cântico recitado de cor, Agostinho mostra-o como paradigma da tessitura das ações na vida individual e na vida da Humanidade, ao largo dos séculos.

Apoiando-se na contribuição agostiniana, Ricoeur trata de aprofundar essa ideia, mediante o exame da *narratividade*, ao longo de *Tempo e Narrativa*. O resgate do significado do tempo individual, a constituição mesma do sujeito individual pela narração, que encadeia numa totalidade significativa a história de uma vida, articulando as ações como se fossem um texto[26], expõe-se, primeiramente, na análise epistemológica do conhecimento histórico, em *Tempo e Narrativa I*; e na consideração ontológica e ética da temporalidade, em *Tempo e Narrativa II* e *III*.

Outro aspecto importante da obra de Agostinho, reconsiderado por Ricoeur, é o exame do contraste entre o tempo mortal e a eternidade. Reportando-se ao livro XI das *Confissões*, às sessões 14, 17-28, 37, Ricoeur mostra que a noção de eternidade tem, na obra de Agostinho, a função de ideia-limite, que intensifica ao máximo a distensão do tempo no plano existencial e leva o homem a buscar a eternidade.

---

[25] Id., ibid., p. 41.

[26] Id., *Du texte à l'action*, Paris, Seuil, 1986, *passim*.

O conteúdo central da ideia de eternidade é o de *permanência*, por oposição à *impermanência* do ser humano, sujeito ao nascimento e à morte. Essa permanência consiste num presente eterno, pleno, oposto à distensão da alma que se desdobra em passado, presente e futuro e nunca está inteiramente presente em nenhuma dessas temporalidades.

Eternidade – suas características são: superioridade, excelência, grandeza, simultaneidade. Por sua vez, o tempo mortal aparece ligado à tristeza do finito, à errância e à dispersão na pluralidade, à decadência.

Na obra de Santo Agostinho, tempo e eternidade aparecem intrinsecamente ligados como polos opostos. A temporalidade é agonia, doença, vulnerabilidade e morte, fragilidade, sofrimento. Seu contrário, a eternidade, é plenitude viva, luz, existência inesgotável.

O abismo entre ambos, eternidade e tempo, é superado mediante "uma hierarquização dos níveis de temporalização, segundo a experiência [temporal] se afaste ou se aproxime de seu polo de eternidade".[27]

A errância pode ser transmutada em peregrinação e retorno a Deus, na medida em que o homem se põe à escuta do mestre interior, que sugere a melhor ação e conduz à aproximação com a eternidade por meio do tempo.

É, pois, o sentido ético do fazer, do existir, que leva o homem do tempo à eternidade, da derrelição à plenitude, em Agostinho.

O tema da "tristeza do finito", do confronto entre tempo e eternidade, está presente em Ricoeur, assim como a valorização do fazer, da ação, como instrumento da vida ética, na busca do

[27] Id., ibid., p. 51.

sentido de existência. Mas a via pela qual nosso filósofo retoma, de modo original, a meditação agostiniana sobre o tempo é a que conduz a buscar, na *Poética* de Aristóteles, a noção de *mythos*, entendida como tessitura de intriga. Ricoeur utiliza esse conceito relacionando-o com a imitação criadora da experiência temporal. *Mythos* e *mimésis* ocorrem tanto na narrativa de ficção quando na narrativa histórica. São o fulcro da experiência de temporalidade, fazendo de toda narrativa sobre o tempo uma interpretação de ação, que estabelece o laço entre vida humana e eternidade, solucionando os paradoxos da temporalidade.

O que Ricoeur pretende, na sua investigação, é "pensar juntos a *distentio animi* de Agostinho e o *mythos* trágico de Aristóteles (...) [mostrando que a] dialética interna da composição poética faz do *mythos* trágico a figura invertida do paradoxo agostiniano".[28]

A História *(Tempo e Narrativa I)* e a arte (*Tempo e Narrativa II*) são dois modos de o homem alcançar, pela tessitura interpretativa da experiência e da ação, o resgate do tempo mortal, imortalizando a vida precária no texto histórico ou no romance, na obra poética.

Trata-se de evidenciar "que o tempo se torna humano na medida em que é articulado de modo narrativo, e que a narração atinge seu pleno significado quando se torna uma condição de existência temporal".[29]

No terceiro volume de *Tempo e Narrativa*, Ricoeur introduz um conceito importante: o de *identidade narrativa,* redefinindo a pessoa humana a partir da linguagem, a partir da sua

---

[28] Id., ibid., p. 65.
[29] Id., ibid., p. 85.

capacidade de articular o agir, ordenando o acontecer e o agir numa totalidade significativa.[30] Em uma obra ulterior, *Do texto à ação*[31], voltada essencialmente ao estudo da dimensão ética da ação humana, o filósofo mostra que não só os textos podem ser objeto de interpretação, mas a própria "ação humana pode ser lida como um texto".[32] A interpretação da ação resulta na possibilidade de superação do viver imediato, de superação do tempo mortal, em direção a um viver que, pela ação, se inscreve no mundo; assim, a tessitura do agir torna-se história, arte, ética, política.

Voltando a *Tempo e Narrativa*: o primeiro volume é dedicado à epistemologia da História, à relação entre *explicar* e *compreender* que organiza os acontecimentos. O segundo volume tem como ponto culminante a análise do lugar da narrativa de ficção como instrumento de superação da morte, pela obra criadora.

Analisando três obras: *Mrs. Dalloway*, de Virgínia Woolf; *A Montanha Mágica,* de Thomas Mann; *Em Busca do Tempo Perdido*, de Marcel Proust, Ricoeur põe à luz as características da experiência temporal fictícia que, provocando "o confronto entre o mundo do texto e o mundo da vida do leitor, [faz] oscilar a problemática da configuração narrativa, em direção à da refiguração do tempo pela narrativa".[33] Refigurar o tempo consiste em dar a ele uma nova significação, que ajude homem a "pensar juntas a eternidade e a morte".

A razão da escolha desses romances, Ricoeur mesmo nos diz: eles "são *fábulas sobre o tempo* (...) que exploram, a seu modo,

---

[30] Id., ibid., p. passim, vol. 3.

[31] Id. Du texte à l'action, Paris, Seuil, 1986.

[32] Id., ibid., p. 183 e segs.

[33] Id., *Temps Récit II,* p. 150.

modalidades inéditas da concordância discordante (...)".[34] Através das *variações imaginativas* da experiência cotidiana que apresentam, tais obras oferecem ao leitor a possibilidade "de refigurar a temporalidade ordinária". Elas "têm em comum o explorar, nos confins da experiência fundamental da concordância discordante, a relação do tempo com a *eternidade* que, já em Agostinho, oferecia uma grande variedade de aspectos".[35]

Cada obra nos mostra de modo diverso a relação tempo/eternidade e o laço do tempo com a morte.[36]

Não nos deteremos a examinar como esse vínculo ocorre em cada romance estudado por Ricoeur. Poremos em destaque, apenas nessas obras, os temas da "tristeza do finito", da busca de superação da morte e da construção do sentido da temporalidade. Diz o filósofo: "É, pois, em relação a essa falha insuperável, cavada entre o tempo monumental do mundo e o tempo mortal da alma, que se distribuem e se ordenam as experiências temporais de cada um dos (...) personagens e seu modo de negociar a relação entre as duas bordas da falha".[37]

O contraste entre tempo psicológico, tempo cronológico, tempo do confronto com a morte e o desejo de imortalidade aparece também como o confronto entre dois mundos, lembrando a oposição agostiniana entre a Cidade de Deus e a Cidade dos Homens. É o tempo da aprendizagem da morte, acentuada pela ruptura entre o tempo narrado, a experiência projetada pela ficção e a experiência cotidiana do tempo como derrelição e perda.

---

[34] Id., ibid., p. 151.
[35] Id., ibid., p. 152.
[36] Id., ibid.
[37] Id., ibid., p. 164.

A obra de arte é revelação do sentido do tempo, pela sua relação com o extratemporal. Diz o filósofo: "Tudo se passa como se a ficção, criando mundos imaginários, abrisse, à manifestação do tempo, uma carreira ilimitada".[38]

A transcendência do tempo, em *Tempo e Narrativa,* é a transcendência da perspectiva do sujeito individual, é o colocar-se na perspectiva da eternidade. Pela narratividade, enfeixando o acontecer segundo um *mythos*, uma tessitura, o sujeito apreende uma totalidade, que mimetiza a totalidade do ser.

Recuperando, pela narrativa, a vivência profunda de "agoras", a obra de arte e a História enfeixam a totalidade de vidas individuais no grande painel de uma época e inserem – na totalidade do ser, à medida que a tornam emblema paradigmático da luta entre o tempo mortal e a eternidade.

Ao falar de *identidade narrativa*, Ricoeur fala da transcendência do tempo, não apenas da inteligibilidade do acontecer. Fala da única eternidade de que o sujeito humano é capaz, ao colocar-se, pelo enfeixar dos "agoras", na perspectiva análoga à eternidade imutável que totaliza todas as possibilidades no *presente* englobante da plenitude do ser.

Daí sua "reflexão sobre a narratividade e o tempo [ser uma tentativa de] ajudar a pensar juntas a eternidade e a morte".[39]

A meditação sobre a ação, em Merleau-Ponty e Ricoeur, desencadeia a reflexão sobre a *liberdade.*

Vejamos primeiro como se apresenta a questão da *liberdade* na *Fenomenologia da Percepção*, para depois considerá-la em Ricoeur.

---

[38] Id., ibid., p. 233.

[39] Id., ibid., p. 129.

Na *Fenomenologia da Percepção*, Merleau-Ponty discute, inicialmente, a possibilidade da liberdade, considerando a liberdade da consciência em relação a si mesma. Nesse ponto, a afirmação da liberdade se apoia na distinção entre *sujeito* e *coisa*. Diz o filósofo: "Para que algo do exterior pudesse me determinar (...) seria necessário que eu fosse uma coisa".[40] Assim, a liberdade não pode ter alternâncias nem atenuações: o ser humano não pode ser ora livre, ora determinado. Por outro lado, a liberdade da ação não esgota a liberdade. "É necessário (...) que cada momento não seja um mundo fechado, que um instante possa engajar os seguintes (...)"[41], que haja continuidade no tempo dos ciclos de conduta.

Daí o filósofo dizer: "Só há escolha livre se a liberdade se compromete na sua decisão e coloca a situação que ela escolhe como situação de liberdade (...). A própria noção de liberdade exige que nossa decisão penetre no futuro, que algo tenha sido *feito* por ela, que o instante seguinte se beneficie do precedente (...)".[42]

A liberdade acha-se, contudo, limitada pela corporeidade, referência contínua e irrecusável de seu ser. O corpo é condição da consciência do mundo e da consciência da liberdade, pois o "eu" é um sujeito vivendo num cosmos, de modo que a consciência da interioridade livre está conectada à consciência de uma exterioridade. O corpo exprime a atitude livre do sujeito em relação ao mundo, seu modo próprio, pessoal, de estar no mundo. A liberdade aparece, assim, relacionada com as sedimentações de uma atitude privilegiada: o modo de estar no mundo, confir-

[40] M. Merleau-Ponty, op. cit., p. 498.
[41] Id., ibid., p. 500.
[42] Id., ibid.

mado pelo sujeito. Para o homem, o exercício da liberdade é um contínuo dar sentido ao mundo e à História. Ele revela o projeto existencial do sujeito, polarizando sua vida em direção a um fim, do qual "não tem nenhuma representação e que só reconhece no momento de atingi-lo".[43]

A liberdade adquire seu pleno sentido a partir da relação intersubjetiva, estruturada a partir do ser no mundo. O mundo existe como *solicitação,* pois nunca está completamente constituído. O inacabamento do mundo abre-nos "a uma infinidade de possíveis".[44] O homem está em situação, sua liberdade também; por isso, escolhe seu mundo, bem como esse o escolhe.[45] Daí Merleau-Ponty dizer que "concretamente tomada, a liberdade é sempre um encontro do exterior e do interior...".[46]

A inserção no mundo não elimina a liberdade. E o filósofo diz: "É vivendo meu tempo que posso compreender outros tempos, é mergulhando no presente e no mundo, assumindo resolutamente o que sou por acaso, querendo o que quero, fazendo o que faço, que posso ir além (...), pois somente a escolha e a ação nos liberam de nossas âncoras".[47]

O homem não está no mundo como as coisas; sua consciência o liberta, abrindo uma infinidade de alternativas de ser, permitindo-lhe uma permanente abertura a novas alternativas, um permanente inacabamento que apela à constituição de significados, mediante o fazer. Essa significação não tem um caráter estritamente individual, mas dá-se no tempo e na história, uma

[43] Id., ibid., p. 510 e segs.
[44] Id., ibid., p. 517 e segs.
[45] Id., ibid., p. 518.
[46] Id., ibid.
[47] Id., ibid., p. 520.

vez que o ser no mundo é também o ser com os outros. O homem é um "nó de relações", diz Merleau-Ponty, citando Exupéry como fecho de sua meditação sobre a liberdade, última instância da meditação sobre o homem, na *Fenomenologia da Percepção.*[48]

E é a partir dessa consideração do caráter intersubjetivo da liberdade que se desenvolverão as reflexões ulteriores do filósofo sobre a dimensão social da liberdade, bem como a crítica aos totalitarismos, em *Humanismo e Terror, As aventuras da Dialética.* Não nos deteremos, no presente estudo, nessas obras, pela amplitude do assunto. Nosso interesse é focalizar a relação consciência-liberdade e a problemática da liberdade em situação, como abertura permanente de um campo de possibilidades, de respostas à solicitação do mundo em que ela se inscreve.

Na conferência feita em Lisboa, em 1999, no ISPA (Instituto Superior de Psicologia Aplicada), Ricoeur apresenta uma autobiografia resumida, narrando sua trajetória intelectual. Aí, reconhece a inspiração na *Fenomenologia da Percepção* para a sua "primeira contribuição importante" à filosofia: *O Voluntário e o Involuntário*[49], descrição fenomenológica da vontade cativa, submetida ao involuntário, esse obstáculo à liberdade. Associada à meditação sobre a simbologia do mal e da culpa, essa obra abriu caminho para os estudos ulteriores de Ricoeur sobre o inconsciente e as pulsões. Os entraves à liberdade são postos em relevo, assim como a queixa e a melancolia, a "tristeza do finito" pela condição mortal. A temporalidade e a liberdade são enfocadas sob o ângulo da precariedade existencial. A meditação sobre a

---

[48] Id., ibid., p. 521.

[49] RICOEUR, P. *Leçon d'ouverture*, In: A. MELO e P. PONCE DE LEÃO (eds.), *Paul Ricoeur. Uma Homenagem.* p. 142.

linguagem simbólica, dos mitos e sonhos, abre contudo uma possibilidade de resgate da significação do tempo e do homem, tanto no plano do sujeito individual, da consciência, como no plano ontológico, da relação entre tempo e eternidade.

Essa meditação alcança seu ápice em *Tempo e Narrativa,* como já vimos.

A problemática da liberdade reaparece, com intensidade, sob nova luz, em *O Si-Mesmo Como Um Outro* e em *Percurso do Reconhecimento.* E a dívida de Ricoeur com Merleau-Ponty é uma vez mais assinalada na conferência.[50] A questão central abordada é a da liberdade como *possibilidade,* presente no discurso como reconhecimento da própria possibilidade de ação.

A obra *O Si-Mesmo Como Um Outro* foi "organizada em torno de quatro usos maiores do 'eu posso'. Eu posso falar, eu posso agir, eu posso narrar, eu posso me considerar responsável por minhas ações, deixando-as serem imputadas a mim como seu verdadeiro autor".[51]

Meditação da liberdade entendida como possibilidade, abertura ao futuro, em Merleau-Ponty; meditação sobre a liberdade entendida como poder de agir, de falar, de narrar, de ser responsável, isto é, como *capacidades* do sujeito, que o definem como ser humano, em Ricoeur.

O laço entre essas capacidades (liberdade) e a temporalidade aparece na vinculação dessas capacidades à memória e à promessa, ao passado e ao futuro, à consciência/reconhecimento de si e do outro.[52]

---

[50] Id., ibid., p. 148.

[51] Id., ibid., p. 149.

[52] RICOEUR, P. *Soi-même conme un autre*, Paris, Seuil, 1990, *passim*; id., *Parcours de la Reconnaissance,* Paris, Stock, 2004, *passim*.

Referindo-se explicitamente a Merleau-Ponty, que explorou antes de Ricoeur "esta via", na *Fenomenologia da Percepção,* nosso filósofo aborda "uma questão central que aflora nos usos que fazemos do verbo modal 'eu posso'".[53] Nessa obra essencial, diz Ricoeur, a meditação de Merleau-Ponty assinala a dimensão concreta do nosso existir, mostrando a liberdade em situação, liberdade que "não destrói a situação, mas se articula a ela", dado que na opinião de Merleau-Ponty "nossa situação, enquanto vivemos, está aberta, o que implica ao mesmo tempo que faça apelo a modos de resolução privilegiados e que esteja por si mesma impotente para buscar algum".[54]

Assim, dessa concepção de liberdade, decorre toda uma filosofia da ação eficaz no mundo que levou Merleau-Ponty à meditação sobre o laço entre ética, política e liberdade, nos diferentes textos que se seguiram: *Humanismo e Terror, As Aventuras da Dialética – Sentido e não sentido, Signos.*[55]

Vejamos brevemente as dimensões da liberdade como possibilidade, capacidade, nas quatro grandes rubricas estabelecidas por Ricoeur: poder falar, agir, narrar, ser responsável.

No que concerne à linguagem, a liberdade está vinculada a um *poder falar.* Relaciona-se à temporalidade, enquanto *promessa* ou *comando*, que engaja a subjetividade.

No que tange ao *poder agir,* é a capacidade de agir que oferece à liberdade "uma estrutura ao mesmo tempo objetiva e reflexiva", evidenciada mediante a análise que remonta da ação-acontecimento à ação-projeto e às motivações vividas.[56]

---

[53] Id., Leçon d'ouverture. In: *op. cit.,* p. 148-149.

[54] MERLEAU-PONTY, M. *op. cit., apud* P. RICOEUR, "Leçon d'ouverture", p. 160.

[55] RICOEUR, P. *Hommage à Merleau-Ponty*. In: id., *Lectures* 2, Paris, Seuil, 1992, p. 160-161.

[56] Id., "Leçon d'ouverture", p. 150.

Quanto à liberdade como *poder narrar*, ela é estudada à luz do conceito de *identidade narrativa*, que relaciona temporalidade e liberdade ao mostrar, pela narração, a coesão entre vida, pessoa e ação.

O quarto sentido do verbo modal *eu posso* aparece ligado à noção de imputação, à capacidade de nos responsabilizarmos por nossos ator.

A noção de poder ser responsável pelas próprias ações está na raiz da ideia de liberdade como *autonomia*, cujos desdobramentos ético-jurídicos Ricoeur trata de explicitar.[57]

Evidenciando o paradoxo da liberdade/fragilidade do homem, Ricoeur associa a liberdade ao poder, à capacidade de ordenarmos a vida segundo uma narrativa inteligível. Vincula a fragilidade à experiência da impotência ou poder reduzido: de dizer, de agir, de identificação consigo mesmo. A fragilidade aparece, assim, como o negativo da liberdade.

Relacionando autonomia e identidade, nosso filósofo desdobra a meditação sobre a identidade no tempo, falando de identidade narrativa e de *permanência*, de coincidência consigo ao longo da duração.

Assim, na sua perspectiva, é autônomo o "sujeito capaz de conduzir sua vida de acordo com a ideia de coerência narrativa".[58] E a imputabilidade, "capacidade de ser tido como responsável" pelos próprios atos, é reconhecimento dos atos como próprios, como pertencentes ao sujeito, "seu verdadeiro autor".[59] A liberdade se expressa aqui como autonomia, como capacidade

---

[57] Id., "Autonomie et Vulnérabilité". In: id., *Le Juste 2*. Paris, *Esprit*, 2001, p.85-105.

[58] Id., ibid., p. 94.

[59] Id., ibid., p. 97 e segs.

de ligar "um Si a uma norma"[60], mediante o reconhecimento de uma ordem simbólica, partilhada com outros seres humanos.

A meditação sobre a liberdade assume, em Ricoeur, como em Merleau-Ponty, uma dimensão social. Assim, o filósofo aborda as relações do homem com seu tempo e os impasses da liberdade em nossa época. Como Merleau-Ponty, Ricoeur se ocupa da crítica aos totalitarismos, aborda os problemas da liberdade religiosa e estuda a dimensão ético-política da ação.

Não nos detemos, no presente estudo, na consideração desses aspectos da liberdade na obra de Ricoeur, em vista da amplitude do assunto. O que pretendemos foi destacar que há um "fundo agostiniano" no qual se enraízam as reflexões de Merleau-Ponty e Ricoeur.

Como em Santo Agostinho, o laço entre a meditação sobre o tempo e a meditação sobre a liberdade é essencial para os dois filósofos contemporâneos.

Nessa meditação, é posta em jogo a relação entre o tempo e a eternidade, entre o fluir e o permanecer. É posto em questão o vínculo entre a liberdade e o fazer, não sendo esse mais considerado, como em Santo Agostinho, numa perspectiva escatológica, mas sobretudo na sua dimensão ética. Esse exame conduz à construção de significado do mundo de modo a reformulá-lo permanentemente, abrindo o homem ao possível, à pluralidade das formas de ser e à tarefa sempre inacabada de expressar-se no tempo.

Como em Santo Agostinho, o sentido do mundo e da liberdade, construídos no tempo, têm uma dimensão não apenas individual, mas universal: o homem é um ser com os outros, e

---

[60] Id., ibid., p. 98.

é na vida intersubjetiva que é possível instaurar sentido, fazer História, tecer um *mythos*.

Para Merleau-Ponty, não é a Cidade de Deus que está sendo construída ao lado da Cidade dos homens, mas é o sentido do mundo e do homem que está permanentemente erigido como tarefa da filosofia. A relação consciência/natureza tem como contraponto a relação indivíduo/sociedade. É na cidade dos homens, na inscrição da vida humana na natureza e no mundo, "pátria de toda racionalidade"[61], que é preciso ancorar "o nó de relações" que somos.[62] Reconhecemos, aqui, um Agostinho destranscendentalizado.

Para Ricoeur, o laço com o sagrado, com o Transcendente, é resgatado com a vida ética, que expressa amor e justiça e postula, para além do enigma do mal e da precariedade humana, a hermenêutica dos símbolos como decifração e restauração do vínculo essencial entre o homem e o Absoluto.

Uma vez mais, o problema do fazer, o problema da ação, presente em Agostinho, é retomado e reformulado na filosofia contemporânea. A angústia da finitude, provocada pelo tempo devorador, não conduz a uma senda para além do tempo, a uma escatologia, mas reenvia os pensadores à vida intra-mundana, cuja significação tentarão fundar.

Em resumo, podemos dizer que as obras de Maeleau-Ponty e Ricoeur, na análise da crise contemporânea, têm como fonte primeira as obras de Husserl, que enfocam a crise da humanidade europeia como decorrente de uma concepção da razão na qual a luta entre o racionalismo e o empirismo tem papel central.

---

[61] MERLEAU-PONTY, M. *op. cit.*, p. 433.

[62] SAINT. EXUPÉRY, A. *Pilote de guerre*, p. 171-174, *apud* M. MERLEAU-PONTY, *op. cit.*, p. 458.

Ou seja, na perspectiva de Husserl, fonte comum de ambos, o *problema epistemológico*, do conhecimento e do critério de verdade, desencadeado pela contraposição empirismo/racionalismo, está na raiz da atual crise da razão. Na perspectiva de Husserl, as concepções de racionalidade e de verdade presentes nesse embate conduziram a uma crise mais ampla, de caráter ético, que ameaça o próprio significado do homem. Há um deslizar, em Husserl, do epistemológico ao ético; a sua última conferência, *A crise da humanidade europeia,* é também o último texto sobre o tema da crise – em Husserl. Os vários artigos sobre o tema datam de 1922 e dos anos seguintes. Estão associados à reflexão sobre a possibilidade de uma *renovação;* ou seja, a crise apontada pelo filósofo não conduz, na sua visão, a uma decadência ou destruição inevitáveis. Assinalamos analogias entre a perspectiva de Husserl e as noções gregas de *krisis* e *kairós,* estudadas na filosofia contemporânea por Evanghélos Moutsopoulos, que faz, em seus escritos, referências ao livro *A Crise das Ciências Europeias.*

Merleau-Ponty faz referências explícitas à crise epistemológica e à relevância de Husserl, no *Fenomenologia da Percepção* e em *O Filósofo e sua Sombra.* Husserl é fonte de Merleau-Ponty quando esse desliza da problemática epistemológica (análise do cogito, da percepção) à problemática antropológica e ética (temporalidade, liberdade). A revisão crítica das noções de cogito e de temporalidade dá-se à luz da noção de *intencionalidade* proposta por Husserl, como podemos ver no prefácio do livro *Fenomenologia da Percepção.* A correlação entre intencionalidade e liberdade assinala, no pensador francês, o modo de superação da crise.

Por sua vez, Ricoeur também faz referências explícitas a Husserl, aos textos da *Krisis;* é ainda tradutor do filósofo alemão; focaliza a crise contemporânea, assim como o pensador alemão, como uma crise epistemológica e ética. Recorre a Husserl, mas também a outras fontes, analisando a crise da subjetividade moderna a partir das contribuições de Marx, Nietzsche e Freud, mostrando a crise desencadeada pelas interpretações rivais do sentido do mundo e do homem. Recorre a Merleau-Ponty para o exame da correlação liberdade-possibilidade (*Reflexão Feita; Leçon d'ouverture*) e sua contribuição para a solução da crise contemporânea, essencialmente epistemológica e ética.

Leitores de Husserl, Merleau-Ponty e Ricoeur assinalam a fecundidade das noções de *intencionalidade* e de *mundo da vida*, propostas pelo filósofo alemão, para o exame da questão ética da liberdade, apropriando-se criativamente das noções husserlianas, como bem assinalaram De Waelhaens, Dastur, Villaverde.

Heidegger, outra fonte de Ricoeur, focaliza os aspectos ontológico e ético da crise atual. Assim, em *Ser e Tempo,* no *Introdução à Metafísica,* no *Carta sobre o humanismo*, no livro *Caminhos de Floresta*, assim como nos ensaios e conferências, Heidegger faz a crítica da racionalidade técnica, mostrando o mundo contemporâneo como o da "despotenciação do espírito", "da desfiguração instrumental do espírito", pela transformação da ciência em "tecno-prática de adquirir e transmitir conhecimentos".[63]

Adotando posição análoga à de Husserl e como ele assinalando a problemática contemporânea da razão, Heidegger indica caminhos de superação da crise por meio de uma nova compreensão de filosofia, aproximando-a não da "ciência de rigor" que Husserl propunha, mas da vida criadora da poesia, *tornando*-a um *pensar poético* (no sentido grego de *poiésis*), que ele recupera.

---

[63] HEIDEGGER. M. *Introdução à Metafísica*, p. 71-74.

Entrelaçando as tradições fenomenológica e hermenêutica, fazendo a crítica do conflito das interpretações do mundo e do homem, presentes na filosofia atual; prestando, em sua trajetória, tributo a Husserl, Heidegger e Merleau-Ponty, Ricoeur chega, em suas últimas obras (*O Si-Mesmo Como Um Outro, Do texto à ação, Percurso do Reconhecimento)*, à formulação de um conceito de liberdade apoiado na discussão das capacidades do homem. Capacidade e liberdade seriam, para nosso autor, termos intercambiáveis, uma vez que as capacidades do homem (falar, agir, narrar, ser responsável) expressariam as possibilidades do existir humano enquanto transcendência do viver imediato. Essa possibilidade, essa capacidade de transcendência é o núcleo essencial da liberdade em Merleau-Ponty e Ricoeur. O estudo comparado dos dois autores mostra os diferentes registros com os quais abordaram a análise da crise atual e apontaram o exercício da liberdade como via de transcendência e reformulação da compreensão da racionalidade e do homem.

Caracterizamos a discussão epistemológico-ética nos dois autores, mostrando suas fontes e seu fulcro na meditação sobre a liberdade.

Conclusão

Se é a Merleau-Ponty, explicitamente citado, que Ricoeur deve a compreensão da liberdade como campo aberto de possibilidades do agir, é superando e aprofundando essa inspiração inicial, pela articulação das contribuições de Aristóteles e de Kant numa ético-ontologia do agir[1], que ele alcança uma nova formulação do problema da liberdade.

Assim como em Merleau-Ponty a meditação sobre a liberdade conduz a uma reflexão sobre a ética social e sobre os entraves à expressão do humano em sociedades totalitárias[2], Ricoeur também se debruça sobre as implicações sociais do binômio consciência-liberdade, mostrando que a complexificação da compreensão de si tem como correlato a complexificação da compreensão do outro e que a finalidade da liberdade não é apenas a atestação de si pelo reconhecimento do próprio poder de agir, mas a superação dos conflitos, entrevistos em si e na relação com o outro

---

[1] Id., *Soi-même comme um autre*, cap. 7, *passim*; id., *Réflexion faite*, p. 112 e segs.

[2] MERLEAU-PONTY, M. *Signes*. Paris: id., *Sens et non-sens*. Paris: *Humanisme et terreur*. Paris: id., *Les aventures de la dialectique*. Paris. Ver também GOYARD-FABRE, S. *Philosophie politique XVIè.- XXè. Siècle*. Paris: PUF, 1987, p. 468-496.

pelo reconhecimento mútuo fundado no amor e na justiça.[3] O próprio Ricoeur assinala, no *Reflexão Feita*[4], as fontes não filosóficas – sua fé bíblica – que nutrem o desafio de pensar a ética e a liberdade sob a "forma de amor", diz Dastur [5], "que ignora a separação e o cálculo, esta forma pura de generosidade que não espera nada em troca" e que constitui o que o filósofo francês chama de *mutualidade,* traduzindo o termo grego *ágape.*

A atestação de si, mediante o reconhecimento das próprias capacidades, desdobra-se nos três níveis da busca de reconhecimento de si, pelo outro: o amor, o direito, a estima social. E o exercício da liberdade se resolve pela decifração da finalidade da liberdade, que é o bem viver na comunidade humana, na reciprocidade do reconhecimento. A ética da alteridade, em Ricoeur, culmina numa ética da comunhão.[6]

Deixamos em aberto, visando retomar a investigação em trabalhos futuros, a consideração das implicações sociais da liberdade, entendida como crítica das suas negações, na obra de Merleau-Ponty, e a discussão mais ampla das implicações sociais da liberdade, desdobrada nas meditações sobre a justiça, a paz, a democracia, o perdão, presentes nas últimas obras de Ricoeur. Também fica em aberto o estudo comparado das críticas de ambos aos totalitarismos.

---

[3] RICOEUR, P. *Parcours de la reconnaissance,* 3° Estudo, p. 227-380; id., *Amour et Justice.* Paris: PUF, 1997; id., *Le Juste 1.* Paris; id., *Le Juste* 2 Paris;: id., *Lectures 1.Autour de la politique.* Paris: Seuil, 1991; id., *Réflexion faite.*

[4] Id., *Réflexion faite,* p. 82.

[5] DASTUR, F. *op. cit.*, p. 457.

[6] RICOEUR, P. *Réflexion faite,* p. 115.

Procuramos evidenciar, no presente trabalho, o laço estreito de Merleau-Ponty e de Ricoeur com a obra de Husserl, na trajetória que vai da crítica epistemológica do racionalismo e do empirismo modernos ao questionamento ético da razão contemporânea, herdeira dessa tradição. Buscamos também mostrar que a crítica do *cogito*, em ambos, os conduziu, cada um a seu modo, a uma nova formulação das relações do homem com o mundo, a consciência e o tempo. Não esgotamos as possibilidades presentes nessa investigação. Nosso trabalho é uma primeira aproximação às riquíssimas abordagens dos temas da consciência, mundo, temporalidade, liberdade que se apresentam nesses autores.

Ética é crítica; é consciência crítica a respeito da existência e exercício, a partir daí, da escolha de alternativas do agir, visando a felicidade, entendida como o bem viver que a tradição filosófica assinala como o objetivo da vida no mundo. Podemos dizer que essa concepção de liberdade e ética é o denominador comum das filosofias de nossos pensadores.

Impressão e acabamento
GRÁFICA E EDITORA SANTUÁRIO
Em Sistema CTcP
Rua Pe. Claro Monteiro, 342
Fone 012 3104-2000 / Fax 012 3104-2036
12570-000 Aparecida-SP